Advanced Ludo with Excel VBA Code

Learn How to Build a Fully Functional Ludo Game from Scratch Using Excel VBA

Anurag S. Pandey

Copyright © Anurag S. Pandey, 2025

Introduction

Want to make **Ludo Board Game** in **Microsoft Excel** and play with friends and computers players?

You can do that very easily. I have developed **Excel Ludo Board Game**, for which I had to write 1900 plus lines of code in Excel VBA,... that entire code is available in this book.

You need to create a Macro Enabled Workbook (.xlsm) file in Ms Excel. Then open the Visual Basic Editor by pressing **Alt + F11** or by going to the Developer tab and clicking on Visual Basic button. Double click on any sheet in the project explorer of the Visual Basic Editor, which will open the code editor of that sheet. In that code editor, type or copy and paste the complete code provided in this book. And it's just done! Now you can close the Visual Basic Editor. Return to Excel, go to the same sheet and either press **Alt + F8** or click the Macros button in the Developer tab. The Excel Ludo board game will be created quickly as you run the **"CREATELUDO"** macro.

CREATELUDO Macro is part of the code provided in this book.

If Project Explorer is not displayed in Visual Basic Editor, select Project Explorer from the View menu on the main menu.

If the Developer tab is hidden then click the Office Button, click Excel Options, select Popular, check the box labelled "Show Developer tab in the Ribbon", and then click OK.

Features and Rules of Excel Ludo

This Excel Ludo Board Game can be played by a minimum of one player and a maximum of four players. This game can be played by computer players, by humans, or by both computer and human players together.

    The computer player will not leave a single chance to kill the pieces of other players. The computer player can also hit two to three pieces simultaneously. If the computer player's die numbers are 6+6+3 and one of its pieces has other players' pieces on its sixth, twelfth and fifteenth house, then the computer player will kill all the three pieces in one move. A computer player can use its various pieces to strike other players' pieces in a move. If in a move several pieces of other players are going to be killed by different pieces of the computer player, then the computer player will select those pieces and kill them which have reached closest to the destination.

    As soon as the computer player gets a chance, it will put its pieces in safe houses or send them to safe zone.

    There will be two ways to roll the die - Auto Die and Manual die. When Auto Die is rolled, the game will generate random numbers which can be "1 to 5" or "6 + 1 to 5" or "6 + 6 + 1 to 5." When the Manual Die is rolled, you have to enter the die numbers. Computer players will only roll Auto Die.

    ActiveX buttons and other ActiveX controls are not used in this game.

    The game can be played by selecting the cell (A18, B18, C18, D18, F18) that contains **RESET**, **PLAY**, **RESTART**, **MAN. DIE**, and **AUTO. DIE**, or by pressing **R + Enter** for Reset, **7 + Enter** for Play, **8 + Enter** for Restart, **9 + Enter** for Man. Die, and **0 + Enter** for Auto. Die.

    You can choose the die values (Val 1, Val 2, Val 3 - Cells H18, I18, J18) one at a time, or two or three at once. Alternatively, you can use Number + Enter to select the Die value. If die values are 6+6+5 then pressing **6 + Enter** will select Cell H18 and pressing **5 + Enter** will select Cell J18. Pressing **Dot [.] + Enter** will deselect.

    To move a piece, cell L18, M18, N18, or O18 has to be selected or you can also move the piece by pressing **"1 / 2 / 3 / 4 + Enter"**. Pressing **2 + Enter** will move second piece of the player.

    The CREATELUDO Macro will be executed upon selecting **RESET**, resulting in the deletion and re-creation of the Excel Ludo Board Game.

    On selecting **PLAY** you will be asked the number of players. After that, the names of the players will be asked one by one and also whether you want to make that player an Auto Player? When it is an Auto Player's turn, the game will roll Auto Die and then auto decide the move. If you make all the players Auto Players, then all the players will start playing the game automatically. However, after 50 / 50 moves, you will be asked whether to continue or stop / pause? After doing Stop / Pause, if you make a move in the same game, the Auto Game will continue again.

On selecting **RESTART** you will have to choose whether to keep current players or new ones.

When you select **MAN. DIE** (Manual Die), you will be asked the die numbers.

When a player chooses **AUTO. DIE**, the game will automatically roll the die and generate die numbers for the player.

If a player has more than one piece in any house, then none of them can be killed. But if a player has a single piece in a house, it can be killed.

You will get more chances to roll the die if you kill a piece or move your piece to the goal. You will then need to roll the die again.

You can make any desired changes in this game by changing the code. But the code given in this book is copyrighted. It cannot be used commercially nor printed, published or distributed without the written permission of the author.

Anurag S. Pandey
21-01-2025
BHUBANESHWAR, BHARAT

~ ~

Seven steps for creating Excel Ludo

Step 1 of 7:

Run Microsoft Excel – Click Office Button – Click New (Alt + FN) – Blank Workbook – Click Create

Step 2 of 7:

Office Button – Save – File Name (any name) – Save as type (Excel Macro-Enabled Workbook) – Save

Step 3 of 7:

Office Button – Excel Options – Trust Center – Click Trust Center Settings... – Macro Settings – Select "Enable all macros" – Click OK

Or

Developer tab in Ribbon – Macro Security – Macro Settings – Select "Enable all macros" – Click OK

If Developer tab is hidden, follow these steps: Office Button – Excel Options – Popular – Tick the Checkbox "Show Developer tab in the Ribbon" – Click OK

Step 4 of 7:

Developer tab in Ribbon – Click Visual Basic button

Step 5 of 7:

View in Main Menu – Project Explorer – Double Click on Sheet1(Sheet1)

Or

View in Main Menu – Project Explorer – Select Sheet1(Sheet1) – View in Main Menu – Code

Step 6 of 7:

Type or paste the complete code provided in this book into the Code Editor, then Click Save – File in Main Menu – Click "Close and Return to Microsoft Excel"

Step 7 of 7:

Go to Sheet1 – Office Button – Developer tab – Macros – Select Sheet1.CREATELUDO – Run

Excel Ludo Board Game will be created in Sheet1 as above Macro is run.

~ ~

'Complete Code of Excel Ludo

Dim STR1CVM As String, ARR4HIJ(6) As String, PIECES(3) As String, PIECEVAL(3) As String, MOVEOPTIONS As String

Dim GINT1 As Integer, GINT2 As Integer, GINT3 As Integer, HIJVAL(6) As Integer

Sub CREATELUDO()

```
Application.EnableEvents = False
    Dim I As Integer, RNG As Range
    I = MsgBox("To Create Ludo in New Sheet click YES, To Create Ludo in Current Sheet click NO, To exit click CANCEL.", vbYesNoCancel, "Create Ludo")
    If I = 2 Then
    Range("I9").Select
    Application.EnableEvents = True
    Exit Sub
    End If
    On Error Resume Next
    If I = 6 Then
    Range("I9").Select
    Sheets.Add After:=Sheets(Sheets.Count)
    Worksheets(Worksheets.Count).Select
    End If
    Set RNG = Range("A1:P18")
    RNG.EntireRow.Delete
    Set RNG = Range("A1:P23")
    RNG.ClearContents
    Set RNG = Range("A1:Q77")
    With RNG.Interior
    .Pattern = xlSolid
    .PatternColorIndex = xlAutomatic
    .ThemeColor = xlThemeColorDark1
    .TintAndShade = -0.149998474074526
    .PatternTintAndShade = 0
    End With
```

```
Set RNG = Range("B2:B7, C2:F2, C7:F7, G2:G7, D4:E5, C8, C9:G9")
With RNG.Interior
.Color = 5287936
.TintAndShade = 0
End With
Set RNG = Range("B11:B16, C11:F11, C16:F16, G11:G16, D13:E14, H15, I11:I15")
With RNG.Interior
.Color = 255
.TintAndShade = 0
End With
Set RNG = Range("K11:K16, L11:O11, L16:O16, P11:P16, M13:N14, O10, K9:O9")
With RNG.Interior
.ThemeColor = xlThemeColorLight2
.TintAndShade = 0.399975585192419
End With
Set RNG = Range("K2:K7, L2:O2, L7:O7, P2:P7, M4:N5, J3, I3:I7")
With RNG.Interior
.Color = 65535
.TintAndShade = 0
End With
Set RNG = Range("H9,I8,J9,I10")
With RNG.Interior
.Color = 8224125
.TintAndShade = 0
End With
Set RNG = Range("B2:P16")
RNG.Borders(xlDiagonalDown).LineStyle = xlNone
RNG.Borders(xlDiagonalUp).LineStyle = xlNone
Set RNG = Range("D4:E5, B8:G10, D13:E14, M13:N14, H2:J16, K8:P10, M4:N5")
With RNG.Borders
.LineStyle = xlContinuous
.ColorIndex = 0
.TintAndShade = 0
.Weight = xlThin
End With
Set RNG = Range("H8,J8,I9,H10,J10")
```

```
With RNG.Interior
.ThemeColor = xlThemeColorLight1
.TintAndShade = 0
End With
Set RNG = Range("H4, D10, J14, N8")
With RNG.Borders(xlDiagonalDown)
.LineStyle = xlContinuous
End With
With RNG.Borders(xlDiagonalUp)
.LineStyle = xlContinuous
End With
Set RNG = Range("B2:P16")
RNG.RowHeight = 21
RNG.ColumnWidth = 11
RNG.BorderAround LineStyle:=xlContinuous
Set RNG = Range("A1:Q77")
With RNG.Font
.Name = "Calibri"
.Size = 14
.Strikethrough = False
.Superscript = False
.Subscript = False
.OutlineFont = False
.Shadow = False
.Underline = xlUnderlineStyleSingle
.ColorIndex = &H0&
.TintAndShade = 0
End With
RNG.Font.Bold = True
RNG.Font.Underline = xlUnderlineStyleSingle
With RNG
.HorizontalAlignment = xlCenter
.VerticalAlignment = xlCenter
.WrapText = True
.Orientation = 0
.AddIndent = False
```

```
.IndentLevel = 0
.ShrinkToFit = False
.ReadingOrder = xlContext
.MergeCells = False
End With
Set RNG = Range("B1:P1,C2:F2,C3:F3,C6:F6,C7:F7,L2:O2,L3:O3,L6:O6,L7:O7")
RNG.Merge
Set RNG = Range("C11:F11,C12:F12,C15:F15,C16:F16,L11:O11,L12:O12,L15:O15")
RNG.Merge
Set RNG = Range("L16:O16,H17:J17,K17:P17,D17:E17,F17:G17,D18:E18,F18:G18")
RNG.Merge
Set RNG = Range("A1,A17:A77,Q17")
RNG.RowHeight = 18
RNG.ColumnWidth = 8.43
Range("A17").Value = "[R + Enter]"
Range("A18").Value = "RESET"
Range("B17").Value = "[7 + Enter]"
Range("B18").Value = "PLAY"
Range("C17").Value = "[8 + Enter]"
Range("C18").Value = "RESTART"
Range("D17").Value = "[9 + Enter]"
Range("D18").Value = "MAN. DIE"
Range("F17").Value = "[0 + Enter]"
Range("F18").Value = "AUTO. DIE"
Range("H17").Value = "Val 1-Val 2-Val 3 [Number + Enter]"
Range("K17").Value = "Select Values & Move Piece [1 2 3 4 + Enter]—Dot [.] + Enter to Deselect"
Range("A17,B17:F17").Font.Bold = False
Range("A17,B17:F17").Font.Size = 10
Range("H17").Characters(19, 16).Font.Size = 10
Range("H17").Characters(19, 16).Font.Bold = False
Range("K17").Characters(27, 49).Font.Size = 10
Range("K17").Characters(27, 49).Font.Bold = False
Dim S As String
S = "B8C8D8E8F8G8H7H6H5H4H3H2I2J2J3J4J5J6J7K8L8"
S = S & "M8N8O8P8P9P10O10N10M10L10K10J11J12J13J14J15"
S = S & "J16I16H16H15H14H13H12H11G10F10E10D10C10B10B9"
```

```
For I = 1 To 57
If I < 52 Then
If I < 26 Then
Range("C" & 20 + I).Value = Mid(S, I * 2 + 1, 2)
ElseIf I < 51 Then
Range("C" & 20 + I).Value = Mid(S, (26 * 2) + (I - 26) * 3 + 1, 3)
Else
Range("C" & 20 + I).Value = "B9"
End If
Else
Range("C" & 20 + I).Value = Chr(I + 15) & "9"
End If
Next
For I = 14 To 51
If I < 26 Then
Range("D" & 7 + I).Value = Mid(S, I * 2 + 1, 2)
ElseIf I < 51 Then
Range("D" & 7 + I).Value = Mid(S, (26 * 2) + (I - 26) * 3 + 1, 3)
Else
Range("D" & 7 + I).Value = "B9"
End If
Next
For I = 0 To 18
If I < 13 Then
Range("D" & 59 + I).Value = Mid(S, I * 2 + 1, 2)
Else
Range("D" & 59 + I).Value = "I" & Trim(Str(I - 10))
End If
Next
For I = 40 To 51
If I < 51 Then
Range("E" & I - 19).Value = Mid(S, (26 * 2) + (I - 26) * 3 + 1, 3)
Else
Range("E" & I - 19).Value = "B9"
End If
Next
```

```
For I = 0 To 44
If I < 39 Then
If I < 26 Then
Range("E" & 33 + I).Value = Mid(S, I * 2 + 1, 2)
Else
Range("E" & 33 + I).Value = Mid(S, (26 * 2) + (I - 26) * 3 + 1, 3)
End If
Else
Range("E" & 33 + I).Value = "I" & Trim(Str(54 - I))
End If
Next
For I = 27 To 51
If I < 51 Then
Range("F" & I - 6).Value = Mid(S, (26 * 2) + (I - 26) * 3 + 1, 3)
Else
Range("F" & I - 6).Value = "B9"
End If
Next
For I = 0 To 31
If I < 26 Then
Range("F" & 46 + I).Value = Mid(S, I * 2 + 1, 2)
Else
Range("F" & 46 + I).Value = Chr(105 - I) & "9"
End If
Next
Range("I9").Value = "EXCEL LUDO"
Set RNG = Nothing
Range("A19:Q77").EntireRow.Hidden = True
Range("I9").Select
Application.EnableEvents = True
End Sub
```

Private Sub Worksheet_Activate()

```
Range("I9").Select
    End Sub
```

Private Sub Worksheet_Change(ByVal Target As Range)

```
On Error Resume Next
    Dim TEMP As String: TEMP = Right(Range("I9").Value, 1)
    Application.EnableEvents = True
    If Target.Address = "$I$9" And Range("I9").Value <> "EXCEL LUDO" Then
    If Range("I9").Value = "" Then Exit Sub
    If TEMP = "0" Or TEMP = "9" Or TEMP = "8" Or TEMP = "7" Or UCase(TEMP) = "R" Or TEMP = "." Then
    If TEMP = "0" Then
    Range("F18").Select
    ElseIf TEMP = "9" Then
    Range("D18").Select
    ElseIf TEMP = "8" Then
    Range("C18").Select
    ElseIf TEMP = "7" Then
    Range("B18").Select
    ElseIf UCase(TEMP) = "R" Then
    Range("A18").Select
    ElseIf TEMP = "." Then
    Application.EnableEvents = False
    Range("K18").Value = ""
    Application.EnableEvents = True
    End If
    Exit Sub
    End If
    If Range("K18").Value <> "" And Range("L18").Value = "" And Range("M18").Value = "" And Range("N18").Value = "" And Range("O18").Value = "" Then
    Application.EnableEvents = False
    Range("K18").Value = ""
    Application.EnableEvents = True
    End If
    If IsNumeric(TEMP) = True Then
    If Int(TEMP) > 0 And Int(TEMP) < 7 Then
    If Range("K18").Value = "" Then
    If Int(TEMP) = Range("H18").Value Then
```

```
    Range("H18").Select
    ElseIf Int(TEMP) = Range("I18").Value Then
    Range("I18").Select
    ElseIf Int(TEMP) = Range("J18").Value Then
    Range("J18").Select
    End If
    ElseIf Range("K18").Value > 0 And Int(TEMP) > 0 And Int(TEMP) < 5 Then
    If Range(Chr(Int(TEMP) + 75) & "18").Value <> "" Then Range(Chr(Int(TEMP) + 75) & "18").Select
    End If
    End If
    End If
    If Range("I9").Value <> "EXCEL LUDO" Then Range("I9").Value = "EXCEL LUDO"
    End If
    Application.EnableEvents = True
    End Sub
```

Private Sub Worksheet_SelectionChange(ByVal Target As Range)

```
On Error Resume Next
    Dim TA As String, TC As Integer
    TA = Target.Address
    TC = Target.Column
    If (Mid(TA, 2, 1) = "A" And Mid(TA, 4, 2) = "18") Or (Mid(TA, 2, 1) = "B" And Mid(TA, 4, 2) = "18") Or (Mid(TA, 2, 1) = "C" And Mid(TA, 4, 2) = "18") Or ((Mid(TA, 2, 1) = "D" Or Mid(TA, 2, 1) = "F") And Mid(TA, 4, 2) = "18") Or (Target.Row = 18 And (TC = 12 Or TC = 13 Or TC = 14 Or TC = 15) And Range("K18").Value > 0) Or (Target.Row = 18 And (TC = 8 Or TC = 9 Or TC = 10)) Then
    Application.EnableEvents = False
    If TA = "$I$9" Then GoTo EXITINGSUBHERE
    Range("I9").Value = "EXCEL LUDO"
    Dim A As Integer, B As Integer, C As Integer, D As Integer, E As Integer, I As Integer, J As Integer, K As Integer, L As Integer, I5 As Integer, ALLAUTO As Integer, MANAUTO As Integer, ABCD(7) As Integer
    Dim S As String, STR1 As String, DEAD As String, AUTOCLICK As String, AUTOVAL As String, ATV As String, PIECEANDVALTOMOVE As String, TEMP2 As String
```

```
Dim PLYRPOS() As String
Dim PIECESPOSITION() As String
AUTOCLICK = "NO"
PLYRPOS() = Split("C2,L2,C11,L11", ",")
PIECESPOSITION() = Split("D4,E4,D5,E5,M4,N4,M5,N5,D13,E13,D14,E14,M13,N13,M14,N14", ",")
MANAUTO = 0
ALLAUTO = 0
'C
If Mid(TA, 2, 1) = "A" And Mid(TA, 4, 2) = "18" Then
A = MsgBox("Do you want to Reset?", vbYesNo, "Attention!")
If A = 6 Then
CREATELUDO
GoTo EXITINGSUBHERE
End If
'C
ElseIf Mid(TA, 2, 1) = "B" And Mid(TA, 4, 2) = "18" Then
If IsNumeric(Mid(Range("B1").Value, 9, 1)) = True Then
Range("I9").Select
GoTo EXITINGSUBHERE
End If
PLAYLUDO:
FONTSIZEROWHEIGHT
I = 0
While (I < 1 Or I > 4)
I = 0
I = InputBox("Enter Number of Players? (Min 1 - Max 4)", "Total Players?")
If I = 0 Then
J = MsgBox("Do you want to Quit?", vbYesNo, "Attention!")
If J = 6 Then
Range("I9").Select
GoTo EXITINGSUBHERE
End If
End If
Wend
Range("A1:Q16,I17:J17,L17:Q17,E18,G18:Q18,A19:Q20,A21:B41").Value = ""
```

```
CRNTPLAYER 0
Range("I9").Value = "EXCEL LUDO"
If I > 1 Then Range("B1").Value = "Playing " & I & " Players : "
For J = 1 To I
STR1 = ""
S = ""
K = 0
While (STR1 = "")
STR1 = InputBox("Enter Name of Player " & J, "Player's Names")
If STR1 = "" Then
K = MsgBox("Do you want to Quit?", vbYesNo, "Attention!")
If K = 6 Then
If STR1 = "" And J = 1 Then
Range("B1").Value = ""
Range("I9").Select
GoTo EXITINGSUBHERE
ElseIf STR1 = "" And J = 2 Then
I = 1
Range("B1").Value = "Playing 1 Player :" & " " & Range(PLYRPOS(0)).Value
GoTo LESSPLAYER
ElseIf STR1 = "" And J > 2 Then
I = J - 1
Range("B1").Value = Left(Range("B1").Value, 8) & Trim(Str(J - 1)) & Mid(Range("B1").Value, 10, Len(Range("B1").Value) - (Len(Range(PLYRPOS(J - 2)).Value) + 12)) & " & " & Range(PLYRPOS(J - 2)).Value
GoTo LESSPLAYER
End If
End If
Else
STR1 = UCase(STR1)
For A = 1 To Len(STR1)
If (Asc(Mid(STR1, A, 1)) > 47 And Asc(Mid(STR1, A, 1)) < 58) Or (Asc(Mid(STR1, A, 1)) > 64 And Asc(Mid(STR1, A, 1)) < 91) Or Asc(Mid(STR1, A, 1)) = 32 Then
S = S & Mid(STR1, A, 1)
End If
Next
```

```
STR1 = Trim(S)
S = ""
If Len(STR1) > 1 Then
B = 0
For A = 1 To Len(STR1)
If Asc(Mid(STR1, A, 1)) = 32 Then
B = B + 1
Else
B = 0
End If
If B < 2 Then S = S & Mid(STR1, A, 1)
Next
STR1 = S
End If
If Len(STR1) > 10 Then STR1 = Left(STR1, 10)
End If
Wend
If J = I Then
Range("B1").Value = Range("B1").Value & " & " & STR1
Else
Range("B1").Value = Range("B1").Value & STR1 & ", "
End If
Range(PLYRPOS(J - 1)).Value = STR1
A = MsgBox("Do you want to make " & STR1 & " Auto Player?", vbYesNo, "Real or Auto Player?")
If A = 6 Then Range(Chr(Asc(Left(PLYRPOS(J - 1), 1)) - 1) & Trim(Right(PLYRPOS(J - 1), Len(PLYRPOS(J - 1)) - 1))).Value = "AUTO"
Next
If I = 1 Then Range("B1").Value = "Playing 1 Player :" & " " & STR1
LESSPLAYER:
For J = 1 To I * 4
Range("A" & J + 20).Value = PIECESPOSITION(J - 1)
Range("B" & J + 20).Value = -6
If J Mod 4 = 0 Then
Range(PIECESPOSITION(J - 1)).Value = Chr(Int(J / 4) + 64) & "4"
Else
Range(PIECESPOSITION(J - 1)).Value = Chr(Int(J / 4) + 65) & Trim(Str(J Mod 4))
```

```
        End If
    Next
    Range("C3").Value = Range("C2").Value & "'s Turn"
    Range("A37").Value = "C2"
    Range("B37").Value = 0
    Range("B38").Value = 0
    CRNTPLAYER 0
    If Range("B2").Value = "AUTO" Then
    Range("I9").Select
    MANAUTO = 1
    GoTo PLAYTHEDIE
    Application.Wait (Now + TimeValue("0:00:01"))
    End If
    'C
    ElseIf Mid(TA, 2, 1) = "C" And Mid(TA, 4, 2) = "18" Then
    FONTSIZEROWHEIGHT
    If Range("B1").Value = "" Then GoTo NONNUMERIC
    K = MsgBox("Click YES to Restart with Current Players, Click NO to Restart Completely.", vbYesNoCancel, "Current or New Players?")
    'D
    If K = 6 Then
    Range("A1:A16,Q1:Q18,H18:Q19,A19:Q20,A21:B41,B8:P10,H2:J16,B3:G3,B4:C5").Value = ""
    Range("A6:G7,F4:G5,G2,L3:P3,K4:L5,K6:P7,O4:P5,P2,B12:G12,B13:C14").Value = ""
    Range("B15:G16,F13:G14,G11,K12:P12,K13:L14,K15:P16,O13:P14,P11").Value = ""
    Range("I9").Value = "EXCEL LUDO"
    STR1 = Mid(Range("B1").Value, 9, 1)
    If IsNumeric(STR1) = False Then GoTo NONNUMERIC
    I = Int(STR1)
    For J = 1 To I * 4
    Range("A" & J + 20).Value = PIECESPOSITION(J - 1)
    Range("B" & J + 20).Value = -6
    If J Mod 4 = 0 Then
    Range(PIECESPOSITION(J - 1)).Value = Chr(Int(J / 4) + 64) & "4"
    Else
    Range(PIECESPOSITION(J - 1)).Value = Chr(Int(J / 4) + 65) & Trim(Str(J Mod 4))
    End If
```

```
Next
Range("C3").Value = Range("C2").Value & "'s Turn"
Range("A37").Value = "C2"
Range("B37").Value = 0
Range("B38").Value = 0
CRNTPLAYER 0
If Range("B2").Value = "AUTO" Then
Range("I9").Select
MANAUTO = 1
GoTo PLAYTHEDIE
Application.Wait (Now + TimeValue("0:00:01"))
End If
NONNUMERIC:
ElseIf K = 7 Then
GoTo PLAYLUDO
End If
'D
'C
ElseIf (Mid(TA, 2, 1) = "D" Or Mid(TA, 2, 1) = "F") And Mid(TA, 4, 2) = "18" Then
If Mid(TA, 2, 1) = "D" Then MANAUTO = 0
If Mid(TA, 2, 1) = "F" Then MANAUTO = 1
PLAYTHEDIE:
If Range("A37").Value = "" Then
Range("I9").Select
GoTo EXITINGSUBHERE
End If
'B
If Range("A41").Value <> "DONE" Then
If Range("A40").Value = 6 Then
CLEARINGHIJ18
End If
If MANAUTO = 0 Then
I = 0
While (I < 1 Or I > 6)
    I = InputBox("Enter the Die Value (1 to 6) for the Player " & Range(PLYRPOS(Range("B37").Value)).Value)
```

```
If I = 0 Then
J = MsgBox("Do you want to Quit?", vbYesNo, "Attention!")
If J = 6 Then
Range("A38").Value = ""
Range("H18").Value = ""
Range("A39").Value = ""
Range("I18").Value = ""
Range("I9").Select
GoTo EXITINGSUBHERE
End If
End If
Wend
Else
Randomize
DIENUMBER
I = Int((6 * Rnd) + 1)
Range("H18:J18").Font.Size = Range("H18:J18").Font.Size - 4
End If
'A
If I = 6 Then
DIENUM6
Else
DIENUMDONE I
'D
If Range("A37").Value = "C2" Or Range("A37").Value = "L2" Or Range("A37").Value = "C11" Or Range("A37").Value = "L11" Then
    For J = 0 To 3
    If Range("A37").Value = PLYRPOS(J) Then Exit For
    Next
    'E
    If Range("H18").Value > 0 And Range("H18").Value < 6 Then
    For K = 21 + 4 * J To 24 + 4 * J
    If Range("B" & K).Value <> "" And Range("B" & K).Value >= 0 And Range("B" & K).Value + Range("H18").Value < 57 Then
    KLMN K, J
    End If
```

```
Next
Application.EnableEvents = True
Range("H18").Select
Application.EnableEvents = False
ElseIf Range("I18").Value > 0 And Range("I18").Value < 6 Then
For K = 21 + 4 * J To 24 + 4 * J
If (Range("B" & K).Value + 6 + Range("I18").Value) < 57 Then
For L = 21 + 4 * J To 24 + 4 * J
If (Range("B" & L).Value + 6) < 57 Or (Range("B" & L).Value + Range("I18").Value) < 57 Then
KLMN L, J
End If
Next
L = 1
Exit For
End If
Next
If L <> 1 Then
For K = 21 + 4 * J To 24 + 4 * J
If (Range("B" & K).Value + 6) < 57 Then
For L = 21 + 4 * J To 24 + 4 * J
If L <> K Then
If (Range("B" & L).Value + Range("I18").Value) < 57 Then
KLMN K, J
KLMN L, J
End If
End If
Next
Exit For
End If
Next
End If
ElseIf Range("J18").Value > 0 And Range("J18").Value < 6 Then
For K = 21 + 4 * J To 24 + 4 * J
If (Range("B" & K).Value + 12 + Range("J18").Value) < 57 Then
For L = 21 + 4 * J To 24 + 4 * J
If (Range("B" & L).Value + 6) < 57 Or (Range("B" & L).Value + Range("J18").Value) < 57 Then
```

```
KLMN L, J
End If
Next
L = 1
Exit For
End If
Next
If L <> 1 Then
For K = 21 + 4 * J To 24 + 4 * J
If (Range("B" & K).Value + 12) < 57 Then
For L = 21 + 4 * J To 24 + 4 * J
If L <> K Then
If (Range("B" & L).Value + Range("J18").Value) < 57 Then
KLMN K, J
KLMN L, J
End If
End If
Next
If A = 1 Then Exit For
End If
Next
End If
'F
If L <> 1 Then
A = 0
B = 0
C = 0
For K = 21 + 4 * J To 24 + 4 * J
If (Range("B" & K).Value + 6) < 57 Then
A = A + 1
If A = 1 Then
B = K
ElseIf A = 2 Then
C = K
End If
End If
```

```
If A = 2 Then Exit For
Next
If A = 2 Then
D = 0
For K = 21 + 4 * J To 24 + 4 * J
If K = B Or K = C Then
If Range("B" & K).Value + 6 + Range("J18").Value < 57 Then D = D + 1
Else
If Range("B" & K).Value + Range("J18").Value < 57 Then D = D + 1
End If
If D > 0 Then Exit For
Next
If D > 0 Then
For K = 21 + 4 * J To 24 + 4 * J
If Range("B" & K).Value + Range("J18").Value < 57 Then
KLMN K, J
End If
Next
End If
End If
End If
'F
End If
'E
If Range("L18").Value = "" And Range("M18").Value = "" And Range("N18").Value = "" And Range("O18").Value = "" Then GoTo PLAYERCHANGE
End If
'D
End If
'A
If I = 6 Then
GoTo PLAYTHEDIE
ElseIf Range(Chr(Asc(Left(PLYRPOS(J), 1)) - 1) & Trim(Right(PLYRPOS(J), Len(PLYRPOS(J)) - 1))).Value = "AUTO" Then
Application.Wait (Now + TimeValue("0:00:01"))
GoTo AUTODECIDE
```

```
    Else
    A = 0
    B = 0
    PIECEANDVALTOMOVE = ""
    For K = 79 To 76 Step -1
    If Range(Chr(K) & "18").Value <> "" Then
    A = A + 1
    PIECEANDVALTOMOVE = Trim(Str(K - 75))
    If Range("B" & Trim(Str(PIECEANDVALTOMOVE + 20 + J * 4))).Value >= 0 Then B = 1
    End If
    Next
    If A = 1 Then
    If Range("J18").Value > 0 Then PIECEANDVALTOMOVE = "J" & PIECEANDVALTOMOVE
    If Range("I18").Value > 0 Then PIECEANDVALTOMOVE = "I" & PIECEANDVALTOMOVE
    If Range("H18").Value > 0 Then PIECEANDVALTOMOVE = "H" & PIECEANDVALTOMOVE
        ElseIf B = 0 And Range("H18").Value = 6 And Range("I18").Value > 0 And Range("I18").Value < 6 Then
        PIECEANDVALTOMOVE = "HI" & PIECEANDVALTOMOVE
        End If
        If Len(PIECEANDVALTOMOVE) > 1 Then
        GoTo SELECTANDMOVE
        Range("I9").Select
        End If
    End If
    End If
    'B
    'C
    ElseIf Target.Row = 18 And (TC = 12 Or TC = 13 Or TC = 14 Or TC = 15) And Range("K18").Value > 0 Then
        PLAYTHEGOTI:
        If AUTOCLICK = "NO" Then
        If Target.Value = "" Then
        Range("I9").Select
        GoTo EXITINGSUBHERE
        End If
```

```
    AUTOVAL = Target.Value
    Else
    AUTOVAL = ATV
    End If
    A = Range("K18").Value
    J = Asc(Left(AUTOVAL, 1)) - 65
    C = 0
    K = 21 + (Asc(Left(AUTOVAL, 1)) - 65) * 4 + Int(Right(AUTOVAL, 1)) - 1
    'G
    If Range("B" & Trim(Str(K))).Value + A < 57 Then
    STR1 = Chr(Asc(Left(AUTOVAL, 1)) + 2)
    'H
    If Range("B" & Trim(Str(K))).Value = -6 Then
    A = A - 6
    Range("B" & Trim(Str(K))).Value = 0
    Range(Range("A" & Trim(Str(K))).Value).Value = ""
    Range(Range(STR1 & "21").Value).Value = Range(Range(STR1 & "21").Value).Value & AUTOVAL
    Range("A" & Trim(Str(K))).Value = Range(STR1 & "21").Value
    FONTSIZEROW "A" & Trim(Str(K))
    CRNTPLAYER Asc(Left(AUTOVAL, 1)) - 65
    Application.Wait (Now + TimeValue("0:00:01"))
    If A > 6 Then
    C = A - 6
    A = 6
    End If
    STOPPER:
    If A > 0 Then
    If A <> 6 Then C = 0
    Range("B" & Trim(Str(K))).Value = Range("B" & Trim(Str(K))).Value + A
    S = ""
    For B = 1 To Len(Range(Range("A" & Trim(Str(K))).Value).Value)
    If Mid(Range(Range("A" & Trim(Str(K))).Value).Value, B, 2) = AUTOVAL Then
    TEMP2 = Range("A" & Trim(Str(K))).Value
    Range(TEMP2).Value = Left(Range(TEMP2).Value, B - 1) & Right(Range(TEMP2).Value, Len(Range(TEMP2).Value) - B - 1)
```

```
FONTSIZEROW "A" & Trim(Str(K))
Exit For
End If
Next
If A <> Range("J18").Value Then
S = STR1 & Trim(21 + A)
ElseIf Range("K18").Value > 11 Then
S = STR1 & Trim(27 + A)
Else
S = STR1 & Trim(21 + A)
End If
TEMP2 = Range(S).Value
If TEMP2 <> "C8" And TEMP2 <> "H4" And TEMP2 <> "J3" And TEMP2 <> "N8" And TEMP2 <> "O10" And TEMP2 <> "J14" And TEMP2 <> "H15" And TEMP2 <> "D10" And Range(TEMP2).Value <> "" Then
Erase ABCD
For B = 1 To Len(Range(TEMP2).Value) Step 2
ABCD(Asc(Mid(Range(TEMP2).Value, B, 1)) - 65) = ABCD(Asc(Mid(Range(TEMP2).Value, B, 1)) - 65) + 1
ABCD(Asc(Mid(Range(TEMP2).Value, B, 1)) - 61) = B
Next
For E = 0 To 3
If ABCD(E) = 1 And Chr(E + 65) <> Left(AUTOVAL, 1) Then
B = ABCD(E + 4)
DEAD = Mid(Range(TEMP2).Value, B, 2)
For D = 1 To 5
Range(TEMP2).Characters(B, 2).Font.Size = Range(TEMP2).Characters(B, 2).Font.Size + 2
Range(TEMP2).RowHeight = Range(TEMP2).RowHeight + 2
Next
Application.Wait (Now + TimeValue("0:00:01"))
For D = 1 To 5
Range(TEMP2).Characters(B, 2).Font.Size = Range(TEMP2).Characters(B, 2).Font.Size - 2
Range(TEMP2).RowHeight = Range(TEMP2).RowHeight - 2
Next
Range("B38").Value = Range("B38").Value + 1
```

```
    Range(TEMP2).Value = Left(Range(TEMP2).Value, B - 1) & Right(Range(TEMP2).Value, Len(Range(TEMP2).Value) - (B + 1))
    FONTSIZEROW S
    B = 20 + (Asc(Left(DEAD, 1)) - 65) * 4 + Int(Right(DEAD, 1))
    Range("A" & Trim(Str(B))).Value = PIECESPOSITION(B - 21)
    Range("B" & Trim(Str(B))).Value = -6
    Range(PIECESPOSITION(B - 21)).Value = DEAD
    Range(PIECESPOSITION(B - 21)).Font.Size = 24
    Range(PIECESPOSITION(B - 21)).RowHeight = Range(PIECESPOSITION(B - 21)).RowHeight + 10
    Application.Wait (Now + TimeValue("0:00:01"))
    For D = 1 To 5
    Range(PIECESPOSITION(B - 21)).Font.Size = Range(PIECESPOSITION(B - 21)).Font.Size - 2
    Range(PIECESPOSITION(B - 21)).RowHeight = Range(PIECESPOSITION(B - 21)).RowHeight - 2
    Next
    Exit For
    End If
    Next
    End If
    Range(Range(S).Value).Value = Range(Range(S).Value).Value & AUTOVAL
    FONTSIZEROW S
    Range("A" & Trim(Str(K))).Value = Range(S).Value
    CRNTPLAYER Asc(Left(AUTOVAL, 1)) - 65
    Application.Wait (Now + TimeValue("0:00:01"))
    If C > 0 Then
    A = C
    GoTo STOPPER
    End If
    End If
    Else
    C = 1
    While (C > 0)
    If A > 6 Then
    C = A - 6
```

```
        A = 6
    Else
        C = 0
    End If
    Range("B" & Trim(Str(K))).Value = Range("B" & Trim(Str(K))).Value + A
    S = ""
    For B = 1 To Len(Range(Range("A" & Trim(Str(K))).Value).Value)
    If Mid(Range(Range("A" & Trim(Str(K))).Value).Value, B, 2) = AUTOVAL Then
    TEMP2 = Range("A" & Trim(Str(K))).Value
    Range(TEMP2).Value = Left(Range(TEMP2).Value, B - 1) & Right(Range(TEMP2).Value, Len(Range(TEMP2).Value) - B - 1)
        FONTSIZEROW "A" & Trim(Str(K))
        Exit For
        End If
    Next
    S = STR1 & Trim(Str(Range("B" & K).Value + 21))
    TEMP2 = Range(S).Value
    If TEMP2 <> "C8" And TEMP2 <> "H4" And TEMP2 <> "J3" And TEMP2 <> "N8" And TEMP2 <> "O10" And TEMP2 <> "J14" And TEMP2 <> "H15" And TEMP2 <> "D10" And Range(TEMP2).Value <> "" Then
        Erase ABCD
        For B = 1 To Len(Range(TEMP2).Value) Step 2
        ABCD(Asc(Mid(Range(TEMP2).Value, B, 1)) - 65) = ABCD(Asc(Mid(Range(TEMP2).Value, B, 1)) - 65) + 1
        ABCD(Asc(Mid(Range(TEMP2).Value, B, 1)) - 61) = B
        Next
        For E = 0 To 3
        If ABCD(E) = 1 And Chr(E + 65) <> Left(AUTOVAL, 1) Then
        B = ABCD(E + 4)
        DEAD = Mid(Range(TEMP2).Value, B, 2)
        For D = 1 To 5
        Range(TEMP2).Characters(B, 2).Font.Size = Range(TEMP2).Characters(B, 2).Font.Size + 2
        Range(TEMP2).RowHeight = Range(TEMP2).RowHeight + 2
        Next
        Application.Wait (Now + TimeValue("0:00:01"))
        For D = 1 To 5
```

```
Range(TEMP2).Characters(B, 2).Font.Size = Range(TEMP2).Characters(B, 2).Font.Size - 2
Range(TEMP2).RowHeight = Range(TEMP2).RowHeight - 2
Next
Range("B38").Value = Range("B38").Value + 1
Range(TEMP2).Value = Left(Range(TEMP2).Value, B - 1) & Right(Range(TEMP2).Value, Len(Range(TEMP2).Value) - (B + 1))
FONTSIZEROW S
B = 20 + (Asc(Left(DEAD, 1)) - 65) * 4 + Int(Right(DEAD, 1))
Range("A" & Trim(Str(B))).Value = PIECESPOSITION(B - 21)
Range("B" & Trim(Str(B))).Value = -6
Range(PIECESPOSITION(B - 21)).Value = DEAD
Range(PIECESPOSITION(B - 21)).Font.Size = 24
Range(PIECESPOSITION(B - 21)).RowHeight = Range(PIECESPOSITION(B - 21)).RowHeight + 10
Application.Wait (Now + TimeValue("0:00:01"))
For D = 1 To 5
Range(PIECESPOSITION(B - 21)).Font.Size = Range(PIECESPOSITION(B - 21)).Font.Size - 2
Range(PIECESPOSITION(B - 21)).RowHeight = Range(PIECESPOSITION(B - 21)).RowHeight - 2
Next
Exit For
End If
Next
End If
Range(Range(S).Value).Value = Range(Range(S).Value).Value & AUTOVAL
FONTSIZEROW S
Range("A" & Trim(Str(K))).Value = Range(S).Value
CRNTPLAYER Asc(Left(AUTOVAL, 1)) - 65
A = C
Application.Wait (Now + TimeValue("0:00:01"))
Wend
End If
'H
'Checking goals
If Range("B" & Trim(K)).Value = 56 Then
```

```
D = 21 + 4 * J
    If Range("B" & Trim(D)).Value = 56 And Range("B" & Trim(D + 1)).Value = 56 And Range("B" & Trim(D + 2)).Value = 56 And Range("B" & Trim(D + 3)).Value = 56 Then
    Range(Left(PLYRPOS(J), 1) & Trim(Str(Range(PLYRPOS(J)).Row + 4))).Value = "ALL PIECES REACHED HOME!!!"
    B = 0
    For C = 0 To Int(Trim(Mid(Range("B1").Value, 9, 1))) - 1
    If Range(Left(PLYRPOS(C), 1) & Trim(Str(Range(PLYRPOS(C)).Row + 4))).Value = "ALL PIECES REACHED HOME!!!" Then B = B + 1
    Next
    If B = 1 And Int(Trim(Mid(Range("B1").Value, 9, 1))) > 1 Then
    Range(Left(PLYRPOS(J), 1) & Trim(Str(Range(PLYRPOS(J)).Row + 5))).Value = Range(PLYRPOS(J)).Value & " IS FIRST WINNER"
    ElseIf B = 2 And Int(Trim(Mid(Range("B1").Value, 9, 1))) > 2 Then
    Range(Left(PLYRPOS(J), 1) & Trim(Str(Range(PLYRPOS(J)).Row + 5))).Value = Range(PLYRPOS(J)).Value & " IS SECOND WINNER"
    ElseIf B = 3 And Int(Trim(Mid(Range("B1").Value, 9, 1))) > 3 Then
    Range(Left(PLYRPOS(J), 1) & Trim(Str(Range(PLYRPOS(J)).Row + 5))).Value = Range(PLYRPOS(J)).Value & " IS THIRD WINNER"
    End If
    If B = Int(Trim(Mid(Range("B1").Value, 9, 1))) Then Range("I9").Select
    Else
    Range("B38").Value = Range("B38").Value + 1
    End If
    End If
    'Checking goals completed
    Range("K18").Value = ""
    For B = 4 To Len(Range("K19").Value) Step 4
    If Mid(Range("K19").Value, B, 1) = "-" Then Range(Mid(Range("K19").Value, B - 3, 3)).Value = ""
    Next
    Range("K19").Value = ""
    For K = 21 + 4 * J To 24 + 4 * J
    If (Range("B" & K).Value + Range("H18").Value > 56 Or Range("H18").Value = "") And (Range("B" & K).Value + Range("I18").Value > 56 Or Range("I18").Value = "") And (Range("B" & K).Value + Range("J18").Value > 56 Or Range("J18").Value = "") Or (Range("B" & K).Value = -6 And (Range("H18").Value <> 6 And Range("I18").Value <> 6)) Then
```

```
Range(Chr(K - J * 4 + 55) & "18").Value = ""
Range(Chr(K - J * 4 + 55) & "19").Value = ""
End If
Next
Range("L18").Value = Range("L19").Value
Range("M18").Value = Range("M19").Value
Range("N18").Value = Range("N19").Value
Range("O18").Value = Range("O19").Value
If (Range("H18").Value = "" And Range("I18").Value = "" And Range("J18").Value = "") Or (Range("L18").Value = "" And Range("M18").Value = "" And Range("N18").Value = "" And Range("O18").Value = "") Then GoTo PLAYERCHANGE
End If
'G
If AUTOCLICK = "YES" Then GoTo RETURNTOSELECTANDMOVE
A = 0
PIECEANDVALTOMOVE = ""
For K = 76 To 79
If Range(Chr(K) & "18").Value <> "" Then
A = A + 1
PIECEANDVALTOMOVE = Trim(Str(K - 75))
End If
Next
If A = 1 Then
If Range("J18").Value > 0 Then PIECEANDVALTOMOVE = "J" & PIECEANDVALTOMOVE
If Range("I18").Value > 0 Then PIECEANDVALTOMOVE = "I" & PIECEANDVALTOMOVE
If Range("H18").Value > 0 Then PIECEANDVALTOMOVE = "H" & PIECEANDVALTOMOVE
GoTo SELECTANDMOVE
Range("I9").Select
End If
Application.EnableEvents = True
If Range("H18").Value + Range("I18").Value + Range("J18").Value < 7 Then Range("H18:J18").Select
Application.EnableEvents = False
'C
ElseIf Target.Row = 18 And (TC = 8 Or TC = 9 Or TC = 10) Then
```

```
If Range("B1").Value <> "" Then
I = 0
J = 0
For Each CELL In Target
I = I + 1
If I > 3 Then Exit For
If CELL.Address = "$H$18" Or CELL.Address = "$I$18" Or CELL.Address = "$J$18" Then
If CELL.Value <> "" Then
J = J + 1
If J = 1 Then Range("K18").Value = ""
If J = 1 Then Range("K19").Value = ""
Range("K18").Value = Range("K18").Value + CELL.Value
Range("K19").Value = Range("K19").Value & Chr(CELL.Column + 64) & Trim(Str(CELL.Row)) & "-"
End If
Else
Range("K18").Value = ""
Range("K19").Value = ""
Range("L18:O18").Value = ""
End If
Next
'CHECKING VALID MOVE BELOW
If Range("K18").Value > 0 Then
Dim CMVAL2 As String, CMSSS As String
Erase PIECES, ARR4HIJ, PIECEVAL, HIJVAL
GINT3 = 0
MOVEOPTIONS = ""
HIJVAL4ARR
MOVEOPTIONS = GETMOVEOPTIONS()
STR1CVM = ARR4HIJ(Int(Right(MOVEOPTIONS, 1)))
GINT2 = 0
For GINT1 = 76 To 79
If Range(Chr(Trim(Str(GINT1))) & "19").Value <> "" Then
PIECES(GINT2) = Range(Chr(Trim(Str(GLOBALINT1))) & "19").Value
PIECEVAL(GINT2) = "B" & Trim(Str(20 + ((Asc(Left(PIECES(GINT2), 1)) - 65) * 4) + Int(Right(PIECES(GINT2), 1))))
```

```
        GINT2 = GINT2 + 1
        End If
        Next
        GINT2 = GINT2 - 1
        If Range("H18").Value + Range("I18").Value + Range("J18").Value = Range("K18").Value Then
        STR1CVM = ""
        Else
        For GINT1 = 0 To GINT2
        If Range(PIECEVAL(GINT1)).Value = -6 And (Range("H18").Value = 6 Or Range("I18").Value = 6) Then
        STR1CVM = ""
        Exit For
        End If
        Next
        End If
        If STR1CVM = "" Then GoTo SETSHOWHIDE
        For GINT1 = 0 To GINT2
        MOVEOPTIONS = GETMOVEOPTIONS()
        STR1CVM = ARR4HIJ(Int(Right(MOVEOPTIONS, 1)))
        Range(PIECEVAL(GINT1)).Value = Range(PIECEVAL(GINT1)).Value + Range("K18").Value
        If Range(PIECEVAL(GINT1)).Value < 57 And Range(PIECEVAL(GINT1)).Value <> -6 Then
        If Len(Range("K19").Value) = 4 Then CMSSS = Left(Range("K19").Value, 1)
        If Len(Range("K19").Value) = 8 Then CMSSS = Left(Range("K19").Value, 1) & Mid(Range("K19").Value, 5, 1)
        B = 0
        For I = 1 To Len(STR1CVM)
        B = B + Asc(Mid(STR1CVM, I, 1))
        Next
        For I = 1 To Len(CMSSS)
        B = B - Asc(Mid(CMSSS, I, 1))
        Next
        STR1CVM = RETURNINGSS(B)
        CMSSS = STR1CVM
        CMVAL2 = RETURNINGVAL2(CMSSS)
        If CMVAL2 <> "" And STR1CVM <> "" Then
        For D = 0 To GINT2
```

```
For K = Len(CMVAL2) To 1 Step -1
If Range(PIECEVAL(D)).Value + HIJVAL(Int(Mid(CMVAL2, K, 1))) < 57 And Range(PIECEVAL(D)).Value <> -6 Then
B = 0
For I = 1 To Len(STR1CVM)
B = B + Asc(Mid(STR1CVM, I, 1))
Next
For I = 1 To Len(ARR4HIJ(Int(Mid(CMVAL2, K, 1))))
B = B - Asc(Mid(ARR4HIJ(Int(Mid(CMVAL2, K, 1))), I, 1))
Next
STR1CVM = RETURNINGSS(B)
Exit For
End If
Next
If STR1CVM = "" Then Exit For
CMSSS = STR1CVM
CMVAL2 = RETURNINGVAL2(CMSSS)
Next
End If
End If
If STR1CVM <> "" Then
Range(Chr(Int(Right(PIECES(GINT1), 1)) + 75) & "18").Value = ""
Else
Range(Chr(Int(Right(PIECES(GINT1), 1)) + 75) & "18").Value = Range(Chr(Int(Right(PIECES(GINT1), 1)) + 75) & "19").Value
End If
Range(PIECEVAL(GINT1)).Value = Range(PIECEVAL(GINT1)).Value - Range("K18").Value
Next
End If
GoTo ESCAPING
'CHECKING VALID MOVE ABOVE
SETSHOWHIDE:
K = 21 + 4 * Range("B37").Value
J = 76
For I = K To K + 3
```

```
    If (Range("B" & I).Value = -6 And Range("K18").Value < 6) Or (Range("B" & I).Value + Range("K18").Value) > 56 Then
    Range(Chr(J) & "18").Value = ""
    Else
    Range(Chr(J) & "18").Value = Range(Chr(J) & "19").Value
    End If
    J = J + 1
    Next
    End If
    End If
    'C
    ESCAPING:
    If Range("K18").Value = "" And (Range("H18").Value <> "" Or Range("I18").Value <> "" Or Range("J18").Value <> "") Then
    Range("L18").Value = Range("L19").Value
    Range("M18").Value = Range("M19").Value
    Range("N18").Value = Range("N19").Value
    Range("O18").Value = Range("O19").Value
    End If
    Range("I9").Select
    GoTo EXITINGSUBHERE
    'FOR AUTOPLAYERS BELOW
    AUTODECIDE:
    Application.Wait (Now + TimeValue("0:00:01"))
    If Len(Range("B2").Value & Range("K2").Value & Range("B11").Value & Range("K11").Value) / 4 = Int(Mid(Range("B1").Value, 9, 1)) Then ALLAUTO = ALLAUTO + 1
    If ALLAUTO = 2 Then
    Range("I9").Select
    ElseIf ALLAUTO = 50 Then
    ALLAUTO = 1
    A = MsgBox("Click YES to Stop/Pause.", vbYesNo, "Stop/Pause or Continue?")
    If A = 6 Then GoTo EXITINGSUBHERE
    End If
    Dim STR2 As String, STR3 As String, STR4 As String, STR5 As String, WHOMTOKILL(27, 3) As String
```

```
Dim INT1 As Integer, INT2 As Integer, NUM As Integer, VHIJ(3, 2) As Integer, VHI(3, 2) As Integer, VHJ(3, 2) As Integer, VIJ(3, 2) As Integer, BIGDBL(3, 2) As Integer
Erase PIECES, ARR4HIJ, PIECEVAL, WHOMTOKILL, HIJVAL, VHIJ, VHI, VHJ, VIJ, BIGDBL
STR2 = ""
STR3 = ""
STR4 = ""
STR5 = ""
MOVEOPTIONS = ""
GINT1 = 0
INT1 = 0
INT2 = 0
GINT2 = 0
GINT3 = 0
NUM = 0
NUM = Range("B37").Value
GINT2 = 0
INT1 = 0
INT2 = 0
STR2 = ""
For GINT1 = 76 To 79
If Range(Chr(Trim(Str(GINT1))) & "18").Value <> "" Then
PIECES(GINT2) = Range(Chr(Trim(Str(GINT1))) & "18").Value
PIECEVAL(GINT2) = "B" & Trim(Str(20 + ((Asc(Left(PIECES(GINT2), 1)) - 65) * 4) + Int(Right(PIECES(GINT2), 1))))
If Range(PIECEVAL(GINT2)).Value <> -6 Then INT1 = 1
GINT2 = GINT2 + 1
End If
Next
GINT2 = GINT2 - 1
MOVEOPTIONS = ""
MOVEOPTIONS = GETMOVEOPTIONS()
HIJVAL4ARR
If INT1 = 0 And HIJVAL(Int(Right(MOVEOPTIONS, 1))) > 5 And HIJVAL(Int(Right(MOVEOPTIONS, 1))) < 12 Then
```

PIECEANDVALTOMOVE = ARR4HIJ(Int(Right(MOVEOPTIONS, 1))) & Right(PIECES(0), 1)
GoTo SELECTANDMOVE
End If
If GINT2 = 0 Then
PIECEANDVALTOMOVE = ARR4HIJ(Int(Right(MOVEOPTIONS, 1))) & Right(PIECES(0), 1)
GoTo SELECTANDMOVE
End If
'CHECKING TO KILL BELOW
If Len(MOVEOPTIONS) > 0 And GINT2 > -1 Then
For GINT1 = 0 To GINT2
For GINT3 = 1 To Len(MOVEOPTIONS)
If Range(PIECEVAL(GINT1)).Value + HIJVAL(Int(Mid(MOVEOPTIONS, GINT3, 1))) < 51 Then
If Range(PIECEVAL(GINT1)).Value = -6 And HIJVAL(Int(Mid(MOVEOPTIONS, GINT3, 1))) < 6 Then
Else
STR2 = Range(Range(Trim(Chr(NUM + 67)) & Trim(Str(Range(PIECEVAL(GINT1)).Value + HIJVAL(Int(Mid(MOVEOPTIONS, GINT3, 1))) + 21))).Value).Value
STR5 = Range(Trim(Chr(NUM + 67)) & Trim(Str(Range(PIECEVAL(GINT1)).Value + HIJVAL(Int(Mid(MOVEOPTIONS, GINT3, 1))) + 21))).Value
STR1CVM = ""
If STR2 <> "" Then CHECKINGVALIDMOVE
If STR1CVM <> "" Then STR2 = ""
If STR5 <> "C8" And STR5 <> "H4" And STR5 <> "J3" And STR5 <> "N8" And STR5 <> "O10" And STR5 <> "J14" And STR5 <> "H15" And STR5 <> "D10" Then
If STR2 <> "" Then
Erase ABCD
For B = 1 To Len(STR2) Step 2
ABCD(Asc(Mid(STR2, B, 1)) - 65) = ABCD(Asc(Mid(STR2, B, 1)) - 65) + 1
ABCD(Asc(Mid(STR2, B, 1)) - 61) = B
Next
For E = 0 To 3
If ABCD(E) = 1 And Chr(E + 65) <> Left(PIECES(GINT1), 1) Then
B = ABCD(E + 4)

```
STR3 = Mid(STR2, B, 2)
WHOMTOKILL(INT2, 0) = Trim(Str(Range("B" & Trim(20 + ((Asc(Left(STR3, 1)) - 65) * 4) + Int(Right(STR3, 1)))).Value))
WHOMTOKILL(INT2, 1) = STR3
WHOMTOKILL(INT2, 2) = PIECES(GINT1)
WHOMTOKILL(INT2, 3) = ARR4HIJ(Int(Mid(MOVEOPTIONS, GINT3, 1)))
'CHECKING DOUBLE/TRIPPLE KILLING BY SINGLE PIECE (BELOW)
If WHOMTOKILL(INT2, 3) = "H" Then
VHIJ(GINT1, 0) = VHIJ(GINT1, 0) + 1
VHIJ(GINT1, 1) = Int(Right(PIECES(GINT1), 1))
VHIJ(GINT1, 2) = VHIJ(GINT1, 2) + Int(WHOMTOKILL(INT2, 0))
VHI(GINT1, 0) = VHI(GINT1, 0) + 1
VHI(GINT1, 1) = Int(Right(PIECES(GINT1), 1))
VHI(GINT1, 2) = VHI(GINT1, 2) + Int(WHOMTOKILL(INT2, 0))
VHJ(GINT1, 0) = VHJ(GINT1, 0) + 1
VHJ(GINT1, 1) = Int(Right(PIECES(GINT1), 1))
VHJ(GINT1, 2) = VHJ(GINT1, 2) + Int(WHOMTOKILL(INT2, 0))
End If
If WHOMTOKILL(INT2, 3) = "HI" Then
VHIJ(GINT1, 0) = VHIJ(GINT1, 0) + 1
VHIJ(GINT1, 1) = Int(Right(PIECES(GINT1), 1))
VHIJ(GINT1, 2) = VHIJ(GINT1, 2) + Int(WHOMTOKILL(INT2, 0))
VHI(GINT1, 0) = VHI(GINT1, 0) + 1
VHI(GINT1, 1) = Int(Right(PIECES(GINT1), 1))
VHI(GINT1, 2) = VHI(GINT1, 2) + Int(WHOMTOKILL(INT2, 0))
End If
If WHOMTOKILL(INT2, 3) = "HIJ" Then
VHIJ(GINT1, 0) = VHIJ(GINT1, 0) + 1
VHIJ(GINT1, 1) = Int(Right(PIECES(GINT1), 1))
VHIJ(GINT1, 2) = VHIJ(GINT1, 2) + Int(WHOMTOKILL(INT2, 0))
End If
If WHOMTOKILL(INT2, 3) = "HJ" Then
VHJ(GINT1, 0) = VHJ(GINT1, 0) + 1
VHJ(GINT1, 1) = Int(Right(PIECES(GINT1), 1))
VHJ(GINT1, 2) = VHJ(GINT1, 2) + Int(WHOMTOKILL(INT2, 0))
End If
```

```
If WHOMTOKILL(INT2, 3) = "I" Then
VIJ(GINT1, 0) = VIJ(GINT1, 0) + 1
VIJ(GINT1, 1) = Int(Right(PIECES(GINT1), 1))
VIJ(GINT1, 2) = VIJ(GINT1, 2) + Int(WHOMTOKILL(INT2, 0))
End If
If WHOMTOKILL(INT2, 3) = "IJ" Then
VIJ(GINT1, 0) = VIJ(GINT1, 0) + 1
VIJ(GINT1, 1) = Int(Right(PIECES(GINT1), 1))
VIJ(GINT1, 2) = VIJ(GINT1, 2) + Int(WHOMTOKILL(INT2, 0))
End If
'CHECKINH DOUBLE/TRIPPLE KILLING BY SINGLE PIECE (ABOVE)
INT2 = INT2 + 1
Exit For
End If
Next
End If
End If
End If
End If
Next
Next
'CHECKINH DOUBLE/TRIPPLE KILLING BY SINGLE PIECE (BELOW)
If VHIJ(0, 0) = 3 Or VHIJ(1, 0) = 3 Or VHIJ(2, 0) = 3 Or VHIJ(3, 0) = 3 Then
INT1 = 0
For GINT1 = 0 To GINT2
If VHIJ(GINT1, 0) = 3 Then
If VHIJ(GINT1, 2) > INT1 Then
INT1 = VHIJ(GINT1, 2)
GINT3 = VHIJ(GINT1, 1)
End If
End If
Next
PIECEANDVALTOMOVE = "HIJ" & Trim(Str(GINT3))
GoTo SELECTANDMOVE
End If
If VHI(0, 0) = 2 Or VHI(1, 0) = 2 Or VHI(2, 0) = 2 Or VHI(3, 0) = 2 Then
```

```
INT1 = 0
For GINT1 = 0 To GINT2
If VHI(GINT1, 0) = 2 Then
If VHI(GINT1, 2) > INT1 Then
INT1 = VHI(GINT1, 2)
GINT3 = VHI(GINT1, 1)
End If
End If
Next
BIGDBL(0, 0) = INT1
BIGDBL(0, 1) = 1
BIGDBL(0, 2) = GINT3
End If
If VHJ(0, 0) = 2 Or VHJ(1, 0) = 2 Or VHJ(2, 0) = 2 Or VHJ(3, 0) = 2 Then
INT1 = 0
For GINT1 = 0 To GINT2
If VHJ(GINT1, 0) = 2 Then
If VHJ(GINT1, 2) > INT1 Then
INT1 = VHJ(GINT1, 2)
GINT3 = VHJ(GINT1, 1)
End If
End If
Next
BIGDBL(1, 0) = INT1
BIGDBL(1, 1) = 2
BIGDBL(1, 2) = GINT3
End If
If VIJ(0, 0) = 2 Or VIJ(1, 0) = 2 Or VIJ(2, 0) = 2 Or VIJ(3, 0) = 2 Then
INT1 = 0
For GINT1 = 0 To GINT2
If VIJ(GINT1, 0) = 2 Then
If VIJ(GINT1, 2) > INT1 Then
INT1 = VIJ(GINT1, 2)
GINT3 = VIJ(GINT1, 1)
End If
End If
```

```
Next
BIGDBL(2, 0) = INT1
BIGDBL(2, 1) = 3
BIGDBL(2, 2) = GINT3
End If
If VHIJ(0, 0) = 2 Or VHIJ(1, 0) = 2 Or VHIJ(2, 0) = 2 Or VHIJ(3, 0) = 2 Then
INT1 = 0
For GINT1 = 0 To GINT2
If VHIJ(GINT1, 0) = 2 Then
If VHIJ(GINT1, 2) > INT1 Then
INT1 = VHIJ(GINT1, 2)
GINT3 = VHIJ(GINT1, 1)
End If
End If
Next
BIGDBL(3, 0) = INT1
BIGDBL(3, 1) = 4
BIGDBL(3, 2) = GINT3
End If
INT1 = 0
If BIGDBL(0, 0) > 0 Or BIGDBL(1, 0) > 0 Or BIGDBL(2, 0) > 0 Or BIGDBL(3, 0) > 0 Then
For GINT1 = 0 To 3
If BIGDBL(GINT1, 0) > INT1 Then
INT1 = BIGDBL(GINT1, 0)
GINT3 = GINT1
End If
Next
If BIGDBL(GINT3, 1) = 1 Then PIECEANDVALTOMOVE = "HI" & Trim(Str(BIGDBL(GINT3, 2)))
If BIGDBL(GINT3, 1) = 2 Then PIECEANDVALTOMOVE = "HJ" & Trim(Str(BIGDBL(GINT3, 2)))
If BIGDBL(GINT3, 1) = 3 Then PIECEANDVALTOMOVE = "IJ" & Trim(Str(BIGDBL(GINT3, 2)))
If BIGDBL(GINT3, 1) = 4 Then PIECEANDVALTOMOVE = "HIJ" & Trim(Str(BIGDBL(GINT3, 2)))
GoTo SELECTANDMOVE
```

```
End If
'CHECKINH DOUBLE/TRIPPLE KILLING BY SINGLE PIECE (ABOVE)
GINT2 = INT2 - 1
If INT2 > 1 Then
STR2 = ""
INT1 = 0
GINT2 = -1
For GINT1 = 0 To INT2 - 1
If Int(WHOMTOKILL(GINT1, 0)) > INT1 Then
INT1 = Int(WHOMTOKILL(GINT1, 0))
GINT2 = GINT1
End If
Next
End If
If INT2 > 0 Then
STR2 = ""
For GINT1 = 1 To Len(WHOMTOKILL(GINT2, 3))
STR2 = STR2 & Mid(WHOMTOKILL(GINT2, 3), GINT1, 1)
Next
PIECEANDVALTOMOVE = STR2 & Trim(Right(WHOMTOKILL(GINT2, 2), 1))
GoTo SELECTANDMOVE
End If
End If
'CHECKING TO KILL ABOVE
'CHECKING DESTINATION BELOW
GINT2 = -1
For GINT1 = 0 To 3
If Left(PIECEVAL(GINT1), 1) = "B" Then
GINT2 = GINT2 + 1
If Range(PIECEVAL(GINT1)).Value = -6 Then INT2 = -6
End If
Next
'CHECKING IF HOME OUT REQUIRED - BELOW
If (Range("H18").Value = 6 Or Range("I18").Value = 6) And INT2 = -6 Then
If Len(MOVEOPTIONS) > 0 And GINT2 > -1 Then
STR2 = ARR4HIJ(Int(Right(MOVEOPTIONS, 1)))
```

```
For GINT1 = 0 To GINT2
If Range(PIECEVAL(GINT1)).Value <> -6 Then
For GINT3 = Len(MOVEOPTIONS) To 1 Step -1
If Range(PIECEVAL(GINT1)).Value + HIJVAL(Int(Mid(MOVEOPTIONS, GINT3, 1))) < 57 Then
    INT2 = 0
    For INT1 = 1 To Len(STR2)
    INT2 = INT2 + Asc(Mid(STR2, INT1, 1))
    Next
    For INT1 = 1 To Len(ARR4HIJ(Int(Mid(MOVEOPTIONS, GINT3, 1))))
    INT2 = INT2 - Asc(Mid(ARR4HIJ(Int(Mid(MOVEOPTIONS, GINT3, 1))), INT1, 1))
    Next
    STR2 = RETURNINGSS(INT2)
    Exit For
End If
Next
If STR2 = "" Then Exit For
STR4 = STR2
MOVEOPTIONS = RETURNINGVAL2(STR4)
End If
Next
If STR2 <> "" Then
For GINT1 = 0 To GINT2
If Range(PIECEVAL(GINT1)).Value = -6 Then
If Range("H18").Value = 6 Then
PIECEANDVALTOMOVE = "H" & Trim(Right(PIECES(GINT1), 1))
Else
PIECEANDVALTOMOVE = "I" & Trim(Right(PIECES(GINT1), 1))
End If
GoTo SELECTANDMOVE
End If
Next
Else
STR4 = ARR4HIJ(Int(Right(MOVEOPTIONS, 1)))
MOVEOPTIONS = GETMOVEOPTIONS()
End If
```

```
        End If
    End If
    'CHECKING IF HOME OUT REQUIRED - ABOVE
    'SORT ASCENDING BELOW
    GINT2 = -1
    For GINT1 = 0 To 3
        If Left(PIECEVAL(GINT1), 1) = "B" Then
            GINT2 = GINT2 + 1
        End If
    Next
    STR2 = ""
    For GINT1 = 0 To GINT2
    For INT1 = 0 To GINT2
        If Range(PIECEVAL(GINT1)).Value > Range(PIECEVAL(INT1)).Value Then
            STR2 = PIECEVAL(GINT1)
            PIECEVAL(GINT1) = PIECEVAL(INT1)
            PIECEVAL(INT1) = STR2
            STR2 = PIECES(GINT1)
            PIECES(GINT1) = PIECES(INT1)
            PIECES(INT1) = STR2
        End If
    Next
    Next
    'SORT ASCENDING ABOVE
    'ENTERING SAFE ZONE BELOW
    If Len(MOVEOPTIONS) > 0 And GINT2 > -1 Then
    STR2 = ARR4HIJ(Int(Right(MOVEOPTIONS, 1)))
    PIECEANDVALTOMOVE = ""
    For GINT1 = 0 To GINT2
        If Range(PIECEVAL(GINT1)).Value <> -6 And Range(PIECEVAL(GINT1)).Value < 51 Then
        For GINT3 = Len(MOVEOPTIONS) To 1 Step -1
            If Range(PIECEVAL(GINT1)).Value + HIJVAL(Int(Mid(MOVEOPTIONS, GINT3, 1))) > 50 And Range(PIECEVAL(GINT1)).Value + HIJVAL(Int(Mid(MOVEOPTIONS, GINT3, 1))) < 57 Then
                CHECKINGVALIDMOVE
                If STR1CVM = "" Then
```

```
PIECEANDVALTOMOVE = PIECEANDVALTOMOVE &
ARR4HIJ(Int(Mid(MOVEOPTIONS, GINT3, 1))) & Right(PIECES(GINT1), 1)
INT2 = 0
For INT1 = 1 To Len(STR2)
INT2 = INT2 + Asc(Mid(STR2, INT1, 1))
Next
For INT1 = 1 To Len(ARR4HIJ(Int(Mid(MOVEOPTIONS, GINT3, 1))))
INT2 = INT2 - Asc(Mid(ARR4HIJ(Int(Mid(MOVEOPTIONS, GINT3, 1))), INT1, 1))
Next
STR2 = RETURNINGSS(INT2)
Exit For
End If
End If
Next
If STR2 = "" Then Exit For
STR4 = STR2
MOVEOPTIONS = RETURNINGVAL2(STR4)
End If
Next
If Len(PIECEANDVALTOMOVE) > 0 Then
STR2 = ""
GoTo SELECTANDMOVE
Else
STR4 = ARR4HIJ(Int(Right(MOVEOPTIONS, 1)))
MOVEOPTIONS = GETMOVEOPTIONS()
End If
End If
'ENTERING SAFE ZONE ABOVE
STR2 = ARR4HIJ(Int(Right(MOVEOPTIONS, 1)))
PIECEANDVALTOMOVE = ""
If Len(MOVEOPTIONS) > 0 And GINT2 > -1 Then
For GINT1 = 0 To GINT2
If Range(PIECEVAL(GINT1)).Value > 38 Then
For GINT3 = Len(MOVEOPTIONS) To 1 Step -1
If Range(PIECEVAL(GINT1)).Value + HIJVAL(Int(Mid(MOVEOPTIONS, GINT3, 1))) = 56 Then
```

```
CHECKINGVALIDMOVE
If STR1CVM = "" Then
PIECEANDVALTOMOVE            =            PIECEANDVALTOMOVE            &
ARR4HIJ(Int(Mid(MOVEOPTIONS, GINT3, 1))) & Right(PIECES(GINT1), 1)
INT2 = 0
For INT1 = 1 To Len(STR2)
INT2 = INT2 + Asc(Mid(STR2, INT1, 1))
Next
For INT1 = 1 To Len(ARR4HIJ(Int(Mid(MOVEOPTIONS, GINT3, 1))))
INT2 = INT2 - Asc(Mid(ARR4HIJ(Int(Mid(MOVEOPTIONS, GINT3, 1))), INT1, 1))
Next
STR2 = RETURNINGSS(INT2)
Exit For
End If
End If
Next
If STR2 = "" Then Exit For
STR4 = STR2
MOVEOPTIONS = RETURNINGVAL2(STR4)
End If
Next
If Len(PIECEANDVALTOMOVE) > 0 Then
STR2 = ""
GoTo SELECTANDMOVE
Else
STR4 = ARR4HIJ(Int(Right(MOVEOPTIONS, 1)))
MOVEOPTIONS = GETMOVEOPTIONS()
End If
End If
'CHECKING DESTINATION ABOVE
'HOME OUT BELOW
If Len(MOVEOPTIONS) > 0 And GINT2 > -1 Then
Dim H6 As Integer, I6 As Integer
H6 = 0
I6 = 0
PIECEANDVALTOMOVE = ""
```

```
For GINT1 = 0 To GINT2
If Range(PIECEVAL(GINT1)).Value = -6 And (Range("H18").Value = 6 Or Range("I18").Value = 6) Then
If Range("H18").Value = 6 And H6 = 0 Then
PIECEANDVALTOMOVE = PIECEANDVALTOMOVE & "H" & Trim(Right(PIECES(GINT1), 1))
H6 = 1
ElseIf Range("I18").Value = 6 And I6 = 0 Then
PIECEANDVALTOMOVE = PIECEANDVALTOMOVE & "I" & Trim(Right(PIECES(GINT1), 1))
I6 = 1
End If
INT2 = 55
End If
Next
If INT2 = 55 Then GoTo SELECTANDMOVE
End If
'HOME OUT ABOVE
'MOVING PIECE TO RESTROOM BELOW
STR2 = ARR4HIJ(Int(Right(MOVEOPTIONS, 1)))
PIECEANDVALTOMOVE = ""
If Len(MOVEOPTIONS) > 0 And GINT2 > -1 Then
For GINT1 = 0 To GINT2
If Range(PIECEVAL(GINT1)).Value <> 8 And Range(PIECEVAL(GINT1)).Value <> 13 And Range(PIECEVAL(GINT1)).Value <> 21 And Range(PIECEVAL(GINT1)).Value <> 26 And Range(PIECEVAL(GINT1)).Value <> 34 And Range(PIECEVAL(GINT1)).Value <> 39 And Range(PIECEVAL(GINT1)).Value < 47 Then
For GINT3 = 1 To Len(MOVEOPTIONS)
If HIJVAL(Int(Mid(MOVEOPTIONS, GINT3, 1))) < 12 Then
If Range(PIECEVAL(GINT1)).Value + HIJVAL(Int(Mid(MOVEOPTIONS, GINT3, 1))) = 8 Or Range(PIECEVAL(GINT1)).Value + HIJVAL(Int(Mid(MOVEOPTIONS, GINT3, 1))) = 13 Or Range(PIECEVAL(GINT1)).Value + HIJVAL(Int(Mid(MOVEOPTIONS, GINT3, 1))) = 21 Or Range(PIECEVAL(GINT1)).Value + HIJVAL(Int(Mid(MOVEOPTIONS, GINT3, 1))) = 26 Or Range(PIECEVAL(GINT1)).Value + HIJVAL(Int(Mid(MOVEOPTIONS, GINT3, 1))) = 34 Or Range(PIECEVAL(GINT1)).Value + HIJVAL(Int(Mid(MOVEOPTIONS, GINT3, 1))) = 39 Or Range(PIECEVAL(GINT1)).Value + HIJVAL(Int(Mid(MOVEOPTIONS, GINT3, 1))) = 47 Then
```

```
CHECKINGVALIDMOVE
If STR1CVM = "" Then
PIECEANDVALTOMOVE         =         PIECEANDVALTOMOVE        &
ARR4HIJ(Int(Mid(MOVEOPTIONS, GINT3, 1))) & Right(PIECES(GINT1), 1)
INT2 = 0
For INT1 = 1 To Len(STR2)
INT2 = INT2 + Asc(Mid(STR2, INT1, 1))
Next
For INT1 = 1 To Len(ARR4HIJ(Int(Mid(MOVEOPTIONS, GINT3, 1))))
INT2 = INT2 - Asc(Mid(ARR4HIJ(Int(Mid(MOVEOPTIONS, GINT3, 1))), INT1, 1))
Next
STR2 = RETURNINGSS(INT2)
Exit For
End If
End If
End If
Next
If STR2 = "" Then Exit For
STR4 = STR2
MOVEOPTIONS = RETURNINGVAL2(STR4)
End If
Next
If STR2 <> "" Then
For GINT1 = 0 To GINT2
If Range(PIECEVAL(GINT1)).Value < 47 Then
For GINT3 = 1 To Len(MOVEOPTIONS)
If HIJVAL(Int(Mid(MOVEOPTIONS, GINT3, 1))) < 12 Then
If Range(PIECEVAL(GINT1)).Value + HIJVAL(Int(Mid(MOVEOPTIONS, GINT3, 1))) = 8 Or Range(PIECEVAL(GINT1)).Value + HIJVAL(Int(Mid(MOVEOPTIONS, GINT3, 1))) = 13 Or Range(PIECEVAL(GINT1)).Value + HIJVAL(Int(Mid(MOVEOPTIONS, GINT3, 1))) = 21 Or Range(PIECEVAL(GINT1)).Value + HIJVAL(Int(Mid(MOVEOPTIONS, GINT3, 1))) = 26 Or Range(PIECEVAL(GINT1)).Value + HIJVAL(Int(Mid(MOVEOPTIONS, GINT3, 1))) = 34 Or Range(PIECEVAL(GINT1)).Value + HIJVAL(Int(Mid(MOVEOPTIONS, GINT3, 1))) = 39 Or Range(PIECEVAL(GINT1)).Value + HIJVAL(Int(Mid(MOVEOPTIONS, GINT3, 1))) = 47 Then
CHECKINGVALIDMOVE
If STR1CVM = "" Then
```

```
PIECEANDVALTOMOVE     =     PIECEANDVALTOMOVE     &
ARR4HIJ(Int(Mid(MOVEOPTIONS, GINT3, 1))) & Right(PIECES(GINT1), 1)
INT2 = 0
For INT1 = 1 To Len(STR2)
INT2 = INT2 + Asc(Mid(STR2, INT1, 1))
Next
For INT1 = 1 To Len(ARR4HIJ(Int(Mid(MOVEOPTIONS, GINT3, 1))))
INT2 = INT2 - Asc(Mid(ARR4HIJ(Int(Mid(MOVEOPTIONS, GINT3, 1))), INT1, 1))
Next
STR2 = RETURNINGSS(INT2)
Exit For
End If
End If
End If
Next
If STR2 = "" Then Exit For
STR4 = STR2
MOVEOPTIONS = RETURNINGVAL2(STR4)
End If
Next
End If
If Len(PIECEANDVALTOMOVE) > 0 Then
STR2 = ""
GoTo SELECTANDMOVE
Else
STR4 = ARR4HIJ(Int(Right(MOVEOPTIONS, 1)))
MOVEOPTIONS = GETMOVEOPTIONS()
End If
End If
'MOVING PIECE TO RESTROOM ABOVE
'SAFE MOVE BELOW
STR2 = ARR4HIJ(Int(Right(MOVEOPTIONS, 1)))
PIECEANDVALTOMOVE = ""
Dim NUM1 As Integer
If Len(MOVEOPTIONS) > 0 And GINT2 > -1 Then
For GINT1 = 0 To GINT2
```

```
        If Range(PIECEVAL(GINT1)).Value >= 0 Then
        For GINT3 = Len(MOVEOPTIONS) To 1 Step -1
        If Range(PIECEVAL(GINT1)).Value + HIJVAL(Int(Mid(MOVEOPTIONS, GINT3, 1))) < 57
Then
        CHECKINGVALIDMOVE
        If STR1CVM = "" Then
        STR5 = "YES"
        If NUM = 0 Then NUM1 = 2
        If NUM = 1 Then NUM1 = 0
        If NUM = 2 Then NUM1 = 3
        If NUM = 3 Then NUM1 = 1
        INT2 = Range(PIECEVAL(GINT1)).Value
        If INT2 < 51 And INT2 <> 0 And INT2 <> 8 And INT2 <> 13 And INT2 <> 21 And INT2 <>
26 And INT2 <> 34 And INT2 <> 39 And INT2 <> 47 Then
        For INT1 = 1 To 6
        If INT1 > INT2 Then
        STR4 = Range(Range(Trim(Chr(NUM1 + 67)) & Trim(Str(34 - (INT1 - INT2)))).Value).Value
        Else
        STR4 = Range(Range(Trim(Chr(NUM + 67)) & Trim(Str(INT2 + 21 - INT1))).Value).Value
        End If
        If STR4 <> "" Then
        For INT2 = 1 To Len(STR4) Step 2
        If Mid(STR4, INT2, 1) <> Left(PIECES(GINT1), 1) Then
        STR5 = "NO"
        Exit For
        End If
        Next
        INT2 = Range(PIECEVAL(GINT1)).Value
        If STR5 = "NO" Then Exit For
        End If
        Next
        End If
        If STR5 = "NO" Then GoTo RUNOUT
        INT2 = Range(PIECEVAL(GINT1)).Value + HIJVAL(Int(Mid(MOVEOPTIONS, GINT3, 1)))
        If INT2 > 0 And INT2 < 51 Then
        For INT1 = 1 To 6
```

```
If INT1 > INT2 Then
STR4 = Range(Range(Trim(Chr(NUM1 + 67)) & Trim(Str(34 - (INT1 - INT2)))).Value).Value
Else
STR4 = Range(Range(Trim(Chr(NUM + 67)) & Trim(Str(INT2 + 21 - INT1))).Value).Value
End If
If STR4 <> "" Then
For INT2 = 1 To Len(STR4) Step 2
If Mid(STR4, INT2, 1) <> Left(PIECES(GINT1), 1) Then
STR5 = "NO"
Exit For
End If
Next
INT2 = Range(PIECEVAL(GINT1)).Value + HIJVAL(Int(Mid(MOVEOPTIONS, GINT3, 1)))
If STR5 = "NO" Then Exit For
End If
Next
End If
If STR5 = "YES" Then
RUNOUT:
PIECEANDVALTOMOVE = PIECEANDVALTOMOVE & ARR4HIJ(Int(Mid(MOVEOPTIONS, GINT3, 1))) & Right(PIECES(GINT1), 1)
INT2 = 0
For INT1 = 1 To Len(STR2)
INT2 = INT2 + Asc(Mid(STR2, INT1, 1))
Next
For INT1 = 1 To Len(ARR4HIJ(Int(Mid(MOVEOPTIONS, GINT3, 1))))
INT2 = INT2 - Asc(Mid(ARR4HIJ(Int(Mid(MOVEOPTIONS, GINT3, 1))), INT1, 1))
Next
STR2 = RETURNINGSS(INT2)
Exit For
End If
End If
End If
Next
If STR2 = "" Then Exit For
STR4 = STR2
```

```
MOVEOPTIONS = RETURNINGVAL2(STR4)
End If
Next
If Len(PIECEANDVALTOMOVE) > 0 Then
STR2 = ""
GoTo SELECTANDMOVE
End If
End If
'SAFE MOVE ABOVE
'SAFE MOVE TWO BELOW
STR2 = ARR4HIJ(Int(Right(MOVEOPTIONS, 1)))
PIECEANDVALTOMOVE = ""
If Len(MOVEOPTIONS) > 0 And GINT2 > -1 Then
For GINT1 = 0 To GINT2
If Range(PIECEVAL(GINT1)).Value <> 0 And Range(PIECEVAL(GINT1)).Value <> 8 And Range(PIECEVAL(GINT1)).Value <> 13 And Range(PIECEVAL(GINT1)).Value <> 21 And Range(PIECEVAL(GINT1)).Value <> 26 And Range(PIECEVAL(GINT1)).Value <> 34 And Range(PIECEVAL(GINT1)).Value <> 39 And Range(PIECEVAL(GINT1)).Value <> 47 Then
If Range(PIECEVAL(GINT1)).Value < 35 Then
For GINT3 = Len(MOVEOPTIONS) To 1 Step -1
If Range(PIECEVAL(GINT1)).Value + HIJVAL(Int(Mid(MOVEOPTIONS, GINT3, 1))) < 57 Then
CHECKINGVALIDMOVE
If STR1CVM = "" Then
PIECEANDVALTOMOVE = PIECEANDVALTOMOVE & ARR4HIJ(Int(Mid(MOVEOPTIONS, GINT3, 1))) & Right(PIECES(GINT1), 1)
INT2 = 0
For INT1 = 1 To Len(STR2)
INT2 = INT2 + Asc(Mid(STR2, INT1, 1))
Next
For INT1 = 1 To Len(ARR4HIJ(Int(Mid(MOVEOPTIONS, GINT3, 1))))
INT2 = INT2 - Asc(Mid(ARR4HIJ(Int(Mid(MOVEOPTIONS, GINT3, 1))), INT1, 1))
Next
STR2 = RETURNINGSS(INT2)
Exit For
End If
```

```
        End If
        Next
        If STR2 = "" Then Exit For
        STR4 = STR2
        MOVEOPTIONS = RETURNINGVAL2(STR4)
    End If
End If
Next
If STR2 <> "" Then
For GINT1 = GINT2 To 0 Step -1
For GINT3 = 1 To Len(MOVEOPTIONS)
    If Range(PIECEVAL(GINT1)).Value + HIJVAL(Int(Mid(MOVEOPTIONS, GINT3, 1))) < 57 Then
        CHECKINGVALIDMOVE
        If STR1CVM = "" Then
        PIECEANDVALTOMOVE = PIECEANDVALTOMOVE & ARR4HIJ(Int(Mid(MOVEOPTIONS, GINT3, 1))) & Right(PIECES(GINT1), 1)
            INT2 = 0
            For INT1 = 1 To Len(STR2)
            INT2 = INT2 + Asc(Mid(STR2, INT1, 1))
            Next
            For INT1 = 1 To Len(ARR4HIJ(Int(Mid(MOVEOPTIONS, GINT3, 1))))
            INT2 = INT2 - Asc(Mid(ARR4HIJ(Int(Mid(MOVEOPTIONS, GINT3, 1))), INT1, 1))
            Next
            STR2 = RETURNINGSS(INT2)
            Exit For
        End If
    End If
Next
If STR2 = "" Then Exit For
STR4 = STR2
MOVEOPTIONS = RETURNINGVAL2(STR4)
Next
End If
If Len(PIECEANDVALTOMOVE) > 0 Then
STR2 = ""
```

```
        GoTo SELECTANDMOVE
        Else
        STR4 = ARR4HIJ(Int(Right(MOVEOPTIONS, 1)))
        MOVEOPTIONS = GETMOVEOPTIONS()
        End If
    End If
    GoTo EXITINGSUBHERE
    'SAFE MOVE TWO ABOVE -—AND FOR AUTOPLAYERS ABOVE
    'FOR PLAYER CHANGE BELOW
PLAYERCHANGE:
    Dim S3() As String, K1 As Integer
    S3() = Split("C3,L3,C12,L12", ",")
    If Range("B38").Value > 0 Then
        If (224 - (Range("B" & 21 + 4 * J).Value + Range("B" & 22 + 4 * J).Value + Range("B" & 23 + 4 * J).Value + Range("B" & 24 + 4 * J).Value)) = 0 Then Range("B38").Value = 0
    End If
    If Range("B38").Value > 0 Then
        Range("B38").Value = Range("B38").Value - 1
        Range("A38:A41").Value = ""
        Range("H18:O19").Value = ""
        If Range(Chr(Asc(Left(S3(J), 1)) - 1) & Trim(Str(Int(Right(S3(J), Len(S3(J)) - 1) - 1)))).Value = "AUTO" Then
            If ALLAUTO = 0 Then Range("I9").Select
            MANAUTO = 1
            Application.Wait (Now + TimeValue("0:00:01"))
            GoTo PLAYTHEDIE
        Else
            Range("I9").Select
        End If
    Else
        Range("C3,L3,C12,L12").Value = ""
        Range("A38:A41").Value = ""
        Range("H18:O19").Value = ""
        For K1 = 0 To 3
        J = J + 1
        If J > 3 Then J = 0
```

```
        If (224 - (Range("B" & 21 + 4 * J).Value + Range("B" & 22 + 4 * J).Value + Range("B" & 23 + 4 * J).Value + Range("B" & 24 + 4 * J).Value)) > 0 And (Range("A" & 21 + 4 * J).Value <> "" Or Range("A" & 22 + 4 * J).Value <> "" Or Range("A" & 23 + 4 * J).Value <> "" Or Range("A" & 24 + 4 * J).Value <> "") Then
        Range("A37").Value = Left(S3(J), Len(S3(J)) - 1) & Trim(Str(Int(Right(S3(J), 1) - 1)))
        Range("B37").Value = J
        Range(S3(J)).Value = Range(Left(S3(J), Len(S3(J)) - 1) & Trim(Str(Int(Right(S3(J), 1) - 1)))).Value & "'s Turn"
        CRNTPLAYER J
        If Range(Chr(Asc(Left(S3(J), 1)) - 1) & Trim(Str(Int(Right(S3(J), Len(S3(J)) - 1) - 1)))).Value = "AUTO" Then
        Application.Wait (Now + TimeValue("0:00:01"))
        If ALLAUTO = 0 Then Range("I9").Select
        MANAUTO = 1
        GoTo PLAYTHEDIE
        Else
        Range("I9").Select
        End If
        Exit For
        End If
        Next
        End If
        GoTo EXITINGSUBHERE
        'FOR PLAYER CHANGE ABOVE
        'FOR PLAYING PIECE FOR AUTOPLAYER BELOW
        SELECTANDMOVE:
        Range("K18").Value = ""
        Range("K19").Value = ""
        For I5 = 1 To Len(PIECEANDVALTOMOVE)
        If Asc(Mid(PIECEANDVALTOMOVE, I5, 1)) > 48 And Asc(Mid(PIECEANDVALTOMOVE, I5, 1)) < 53 Then
        AUTOCLICK = "YES"
        ATV = Range(Trim(Chr(Int(Mid(PIECEANDVALTOMOVE, I5, 1)) + 75)) & "18").Value
        Application.Wait (Now + TimeValue("0:00:01"))
        GoTo PLAYTHEGOTI
        RETURNTOSELECTANDMOVE:
```

```
        AUTOCLICK = "NO"
        ATV = ""
    Else
        Range("K18").Value = Range("K18").Value + Range(Mid(PIECEANDVALTOMOVE, I5, 1) & "18").Value
        Range("K19").Value = Range("K19").Value & Mid(PIECEANDVALTOMOVE, I5, 1) & "18" & "-"
    End If
Next
'FOR PLAYING PIECE FOR AUTOPLAYER ABOVE
    If (Range("H18").Value > 0 Or Range("I18").Value > 0 Or Range("J18").Value > 0) And (Range("L18").Value <> "" Or Range("M18").Value <> "" Or Range("N18").Value <> "" Or Range("O18").Value <> "") Then GoTo AUTODECIDE
EXITINGSUBHERE:
Else
    Application.EnableEvents = False
    Range("I9").Select
End If
Application.EnableEvents = True
End Sub
```

Private Sub CLEARINGHIJ18()

```
Range("A38:A41").Value = ""
    Range("H18:J18").Value = ""
End Sub
```

Private Sub KLMN(N1 As Integer, N2 As Integer)

```
Range(Chr(N1 - N2 * 4 + 55) & "18").Value = Chr(65 + N2) & Trim(Str((N1 - N2 * 4 - 20)))
    Range(Chr(N1 - N2 * 4 + 55) & "19").Value = Chr(65 + N2) & Trim(Str((N1 - N2 * 4 - 20)))
End Sub
```

Private Sub DIENUMDONE(NUM1 As Integer)

```
If Range("A38").Value = "" Then
    Range("A38").Value = NUM1
    Range("H18").Value = NUM1
```

```
        Range("A41").Value = "DONE"
    ElseIf Range("A39").Value = "" Then
        Range("A39").Value = NUM1
        Range("I18").Value = NUM1
        Range("A41").Value = "DONE"
    Else
        Range("A40").Value = NUM1
        Range("J18").Value = NUM1
        Range("A41").Value = "DONE"
    End If
End Sub
```

Private Sub DIENUM6()

```
If Range("A38").Value = "" Then
    Range("A38").Value = 6
    Range("H18").Value = 6
    ElseIf Range("A39").Value = "" Then
    Range("A39").Value = 6
    Range("I18").Value = 6
    Else
    Range("A40").Value = 6
    Range("J18").Value = 6
    End If
End Sub
```

Private Sub DIENUMBER()

```
Dim DD As Integer
    Range("H18:J18").Font.Size = Range("H18:J18").Font.Size + 4
    For DD = 1 To 200
    If Range("A38").Value = "" Then
    Range("H18").Value = Int((6 * Rnd) + 1)
    ElseIf Range("A39").Value = "" Then
    Range("I18").Value = Int((6 * Rnd) + 1)
    ElseIf Range("A40").Value = "" Then
```

```
Range("J18").Value = Int((6 * Rnd) + 1)
End If
Application.Wait (Now + 0.00000000001)
Next
End Sub
```

Private Sub FONTSIZEROWHEIGHT()

```
Range("A1:Q77").Font.Size = 14
    Range("A1:Q77").RowHeight = 21
    Range("A1,A17").RowHeight = 18
    Range("A17,B17:F17").Font.Size = 10
    Range("H17").Characters(19, 16).Font.Size = 10
    Range("K17").Characters(27, 49).Font.Size = 10
    Range("A19:Q77").EntireRow.Hidden = True
End Sub
```

Private Sub CRNTPLAYER(CPP As Integer)

```
Dim SS As String
    SS = "D8:G8,H2:H7,I2,J2,J4:J7,K8:P8,P9,P10,N10:K10"
    SS = SS & ",J11:J16,I16,H16,H11:H14,G10:B10,B9,B8"
    With Range(SS).Interior
    .Pattern = xlSolid
    .PatternColorIndex = xlAutomatic
    .ThemeColor = xlThemeColorDark1
    .TintAndShade = -0.149998474074526
    .PatternTintAndShade = 0
    End With
    With Range(SS).Borders
    .LineStyle = xlContinuous
    End With
    With Range("D4:E5,C8,C9:G9").Interior
    .Color = 5287936
    .TintAndShade = 0
    End With
```

```vb
With Range("D4:E5,C8,C9:G9").Borders
.LineStyle = xlContinuous
End With
With Range("M4:N5,J3,I3:I7").Interior
.Color = 65535
.TintAndShade = 0
End With
With Range("M4:N5,J3,I3:I7").Borders
.LineStyle = xlContinuous
End With
With Range("D13:E14,H15,I11:I15").Interior
.Color = 255
.TintAndShade = 0
End With
With Range("D13:E14,H15,I11:I15").Borders
.LineStyle = xlContinuous
End With
With Range("M13:N14,O10,K9:O9").Interior
.ThemeColor = xlThemeColorLight2
.TintAndShade = 0.399975585192419
End With
With Range("M13:N14,O10,K9:O9").Borders
.LineStyle = xlContinuous
End With
Dim BB As Integer
For B = 21 + 4 * CPP To 24 + 4 * CPP
If Range("B" & Trim(Str(B))).Value <> 56 Then
With Range(Range("A" & Trim(Str(B))).Value).Interior
.Color = 16744959
.TintAndShade = 0
End With
Range(Range("A" & Trim(Str(B))).Value).BorderAround LineStyle:=xlDouble
End If
Next
End Sub
```

Private Sub HIJVAL4ARR()

```
HIJVAL(0) = Range("H18").Value
    HIJVAL(1) = Range("I18").Value
    HIJVAL(2) = Range("J18").Value
    HIJVAL(3) = Range("H18").Value + Range("J18").Value
    HIJVAL(4) = Range("I18").Value + Range("J18").Value
    HIJVAL(5) = Range("H18").Value + Range("I18").Value
    HIJVAL(6) = Range("H18").Value + Range("I18").Value + Range("J18").Value
    ARR4HIJ(0) = "H"
    ARR4HIJ(1) = "I"
    ARR4HIJ(2) = "J"
    ARR4HIJ(3) = "HJ"
    ARR4HIJ(4) = "IJ"
    ARR4HIJ(5) = "HI"
    ARR4HIJ(6) = "HIJ"
    End Sub
```

Private Sub FONTSIZEROW(FSRH As String)

```
Range("A1").RowHeight = 18
    Range("A17").RowHeight = 18
    Range(Range(FSRH).Value).RowHeight = 21
    If Len(Range(Range(FSRH).Value).Value) < 7 Then
    Range(Range(FSRH).Value).Font.Size = 14
    ElseIf Len(Range(Range(FSRH).Value).Value) < 9 Then
    Range(Range(FSRH).Value).Font.Size = 12
    ElseIf Len(Range(Range(FSRH).Value).Value) < 11 Then
    Range(Range(FSRH).Value).Font.Size = 10
    ElseIf Len(Range(Range(FSRH).Value).Value) < 23 Then
    Range(Range(FSRH).Value).Font.Size = 8
    ElseIf Len(Range(Range(FSRH).Value).Value) > 22 Then
    Range(Range(FSRH).Value).RowHeight = 34
    Range(Range(FSRH).Value).Font.Size = 8
    Range("A1").RowHeight = 15
    Range("A17").RowHeight = 15
```

        End If
    End Sub

Private Function RETURNINGSS(RS As Integer) As String

Dim RS1 As String
    If RS = 147 Then RS1 = "IJ"
    If RS = 146 Then RS1 = "HJ"
    If RS = 145 Then RS1 = "HI"
    If RS < 75 And RS > 71 Then RS1 = Chr(RS)
    If RS < 72 Then RS1 = ""
    RETURNINGSS = RS1
    End Function

Private Function RETURNINGVAL2(RV As String) As String

Dim RV1 As String
    If RV = "H" Then RV1 = "0"
    If RV = "I" Then RV1 = "1"
    If RV = "J" Then RV1 = "2"
    If RV = "HI" Then RV1 = "105"
    If RV = "HJ" Then RV1 = "203"
    If RV = "IJ" Then RV1 = "214"
    If RV = "HIJ" Then RV1 = "2103456"
    RETURNINGVAL2 = RV1
    End Function

Private Function GETMOVEOPTIONS() As String

If Range("H18").Value > 0 And Range("I18").Value > 0 And Range("J18").Value > 0 Then
    GV = "2103456"
    ElseIf Range("H18").Value > 0 And Range("I18").Value > 0 And Range("J18").Value = "" Then
    GV = "105"
    ElseIf Range("H18").Value > 0 And Range("I18").Value = "" And Range("J18").Value > 0 Then
    GV = "203"
    ElseIf Range("H18").Value = "" And Range("I18").Value > 0 And Range("J18").Value > 0 Then
    GV = "214"

```
ElseIf Range("H18").Value > 0 And Range("I18").Value = "" And Range("J18").Value = "" Then
GV = "0"
ElseIf Range("H18").Value = "" And Range("I18").Value > 0 And Range("J18").Value = "" Then
GV = "1"
ElseIf Range("H18").Value = "" And Range("I18").Value = "" And Range("J18").Value > 0 Then
GV = "2"
End If
GETMOVEOPTIONS = GV
End Function
```

Private Sub CHECKINGVALIDMOVE()

```
Dim CBB As Integer, CAA As Integer, CVAL3 As Integer
    Dim CMOVEOPTIONS As String, CS As String
    STR1CVM = ARR4HIJ(Int(Right(MOVEOPTIONS, 1)))
    CBB = 0
    For CAA = 1 To Len(STR1CVM)
    CBB = CBB + Asc(Mid(STR1CVM, CAA, 1))
    Next
    For CAA = 1 To Len(ARR4HIJ(Int(Mid(MOVEOPTIONS, GINT3, 1))))
    CBB = CBB - Asc(Mid(ARR4HIJ(Int(Mid(MOVEOPTIONS, GINT3, 1))), CAA, 1))
    Next
    STR1CVM = RETURNINGSS(CBB)
    CS = STR1CVM
    CMOVEOPTIONS = RETURNINGVAL2(CS)
    If CMOVEOPTIONS <> "" Then
    STR1CVM = ARR4HIJ(Int(Right(CMOVEOPTIONS, 1)))
    For CII = 0 To GINT2
    If Range(PIECEVAL(CII)).Value = -6 And HIJVAL(Right(CMOVEOPTIONS, 1)) > 5 Then
    STR1CVM = ""
    Exit For
    End If
    Next
    If STR1CVM <> "" Then
    Range(PIECEVAL(GINT1)).Value = Range(PIECEVAL(GINT1)).Value + HIJVAL(Int(Mid(MOVEOPTIONS, GINT3, 1)))
```

```
For CII = 0 To GINT2
For CVAL3 = Len(CMOVEOPTIONS) To 1 Step -1
If Range(PIECEVAL(CII)).Value + HIJVAL(Int(Mid(CMOVEOPTIONS, CVAL3, 1))) < 57 And Range(PIECEVAL(CII)).Value <> -6 Then
CBB = 0
For CAA = 1 To Len(STR1CVM)
CBB = CBB + Asc(Mid(STR1CVM, CAA, 1))
Next
For CAA = 1 To Len(ARR4HIJ(Int(Mid(CMOVEOPTIONS, CVAL3, 1))))
CBB = CBB - Asc(Mid(ARR4HIJ(Int(Mid(CMOVEOPTIONS, CVAL3, 1))), CAA, 1))
Next
STR1CVM = RETURNINGSS(CBB)
Exit For
End If
Next
If STR1CVM = "" Then Exit For
CS = STR1CVM
CMOVEOPTIONS = RETURNINGVAL2(CS)
Next
Range(PIECEVAL(GINT1)).Value = Range(PIECEVAL(GINT1)).Value - HIJVAL(Int(Mid(MOVEOPTIONS, GINT3, 1)))
End If
End If
End Sub
```

~ ~

Don't miss out!

Visit the website below and you can sign up to receive emails whenever Anurag Pandey publishes a new book. There's no charge and no obligation.

https://books2read.com/r/B-A-ANUM-GHLUF

BOOKS 2 READ

Connecting independent readers to independent writers.

Did you love *Advanced Ludo with Excel VBA Code: Learn How to Build a Fully Functional Ludo Game from Scratch Using Excel VBA*? Then you should read *Develop Snakes & Ladders Game Complete Guide with Code & Design*[1] by Anurag Pandey!

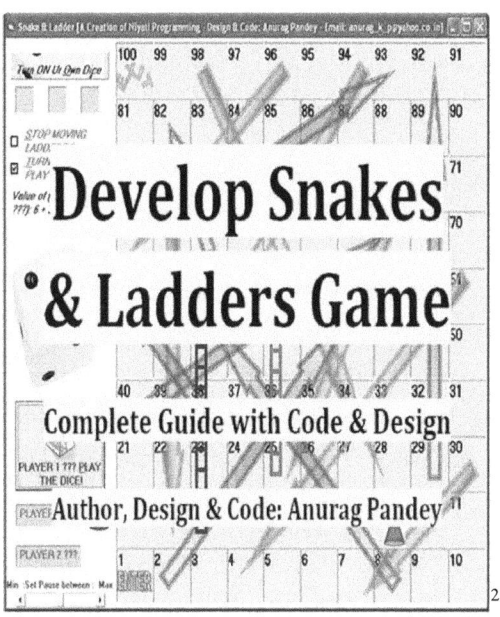

With help of design support & code given in this book, you will be able to develop your own Snakes & Ladders Game instantly. In addition to fixed snakes and ladders, the game features two automated escalators, which dramatically send the player up and down. However Design and Code given in this book are complete and need no modification, but you can also improvise them. If you are a beginner then this book will help you to learn coding, logic building and applying methods in programming. You should be at least little familiar with Visual Basic.

---

1. https://books2read.com/u/bQNLkv

2. https://books2read.com/u/bQNLkv

Also by Anurag Pandey

Let's Play with Excel
The Mad Storyteller
❖❖❖❖ ❖❖❖❖❖❖
Meditative Moments of a Seeker
Develop Snakes & Ladders Game Complete Guide with Code & Design
Hanumaan Chaaleesaa, Sankat Mochan Hanumaan Ashtak & Bajrang Baan of Goswami Tulsidas with Bajrang Aaratee In English and Hindi with Meaning
Advanced Ludo with Excel VBA Code: Learn How to Build a Fully Functional Ludo Game from Scratch Using Excel VBA

About the Author

Anurag S Pandey is a writer, poet and computer programmer. His poems have been published in national newspapers and magazines of India like Navbharat Times, Kadambini etc. He has written Story/ Screenplay/ Dialogues for various TV Shows like Lady Inspector, Shaka Laka Boom Boom, Indonesian TV shows etc. At present he lives in Bhubaneswar, India. Meditation, yoga, mystery, paranormal & supernatural activities are some of his favorite topics to read and write.

www.ingramcontent.com/pod-product-compliance
Ingram Content Group UK Ltd.
Pitfield, Milton Keynes, MK11 3LW, UK
UKHW010629060225
454762UK00005B/12